はじめて 超カンタン おしゃべりフランス語

塚越 敦子

SURUGADAI-SHUPPANSHA

＊付属の CD-ROM についての注意事項

・収録されているファイルは、MP3 形式となっております。パソコンで再生するか（iTunes、Windows Media Player などの音楽再生ソフト）あるいは MP3 プレーヤーに取り込んで聞いてください。（CD プレーヤー及び DVD プレーヤーでは再生できません。無理に再生しようとすると、プレーヤーを破損する恐れもありますので、十分ご注意ください。）パソコンやソフトウェアの使用方法はそれぞれのマニュアルをご覧ください。

まえがき

　筆者は常々「おしゃべりな人は語学が得意である」と、思っています。やはり、自分から何かを発信しようという気持ちが強いことが功を奏するのでしょうか。自分のことを知ってもらいたい、あるいは相手のことを知りたいとき、相手にその気持ちを伝えようと努力をする姿勢が語学学習に適しているのでしょうか。

　はじめてフランスを訪れたとき、筆者も習いたてのフランス語を使いたくてうずうずしていました。でも、普段おしゃべりな筆者でも実際にはなかなかうまくいきませんでした。そのような経験から、肩肘張らずに初心者がフランス語を使えることを目指した実践的な学習書を作りました。おしゃべり好きな人もそうでない人も、本書を片手にフランス語を話してみましょう。例えば、フランスでブティックに入って、店員さんにBonjour（ボンジュール）と言っている自分をイメージしてください。もちろん店員さんはBonjour（ボンジュール）と答えてくれます。そのような場面を想像しただけでも楽しいですよね。でも、折角のフランス語です、Bonjour（ボンジュール）で終わらせてはつまらない。その先を本書とともに進みましょう。とにかく「おしゃべりのこつ」は、常にそのことばに関心を持つことです。言いたいこと、聞きたいことをフランス語ではなんと言うのだろう？　こんなとき、あんなときフランス語ではなんと答えればいいんだろう？　いつもこんな風に考えてみましょう。そしていろいろなシチュエーションを想像しながら、一人二役で、実際に声を出してみましょう。

　そのために、本書を大いに活用してください。おしゃべりをするための発音の基礎から、基本単語と一言フレーズ、ちょっとだけ基本文法、想定基本表現、場面別会話集の順に並んでいます。順番で勉強するもよし、興味のあるところだけ学習するもよし。でも、絶対に守っていただきたいのは、付属のCD-ROMの音声を真似しながらフランス語を声に出すことです。そして、本書を通して気軽に楽しくフランス語を学べたと思っていただければ、著者は本望です。

　最後に、本書の刊行にあたり、編集を担当してくださった浅見忠仁氏、上野名保子氏、上野大介氏をはじめとして、ご協力いただきました方々に心より感謝申しあげます。

著　者

本書の使い方

　はじめてフランス語会話を学ぶ方が学びやすいよう、さまざまな工夫を凝らしました。付属の音声も十分活用し、「聴く」、「読む」、「話す」、「書く」の4要素をしっかり練習してください。大事なことは声を出すことです。カタカナを隠す赤シートも活用し、音声を真似して、どんどん声を出しましょう！

超 カンタン基本発音でおしゃべり

　フランス語についての基本的な解説と発音のしくみを説明しています。特に注意するフランス語の発音部分には下線をし、lと区別するrのカタカナ表記は**太字**にしています。練習問題もしっかりやってフランス語の基礎の基礎を覚えましょう。
　音声は、フランス語→日本語の順です。

超 カンタンおしゃべり基本単語

　フランス語の基本となる単語と表現を集めました。よく使うものばかりなので、しっかり覚えて、何度も声に出して練習しましょう。音声は、フランス語→日本語の順です。

超 カンタンおしゃべり基本文法

　男性名詞と女性名詞の区別や形容詞の作り方、基本的な文のしくみなど、これぞフランス語という特徴を覚えましょう。間違えやすい女性形と複数形の区別には、女性形のeは茶色っぽい字、複数形のsをピンクっぽい色にし、見た目をわかりやすくしています。音声は、フランス語→日本語の順です。

超 カンタンおしゃべり基本表現

　超基本的な動詞を中心に会話の基本を学びましょう。音声は、日本語→フランス語の順です。

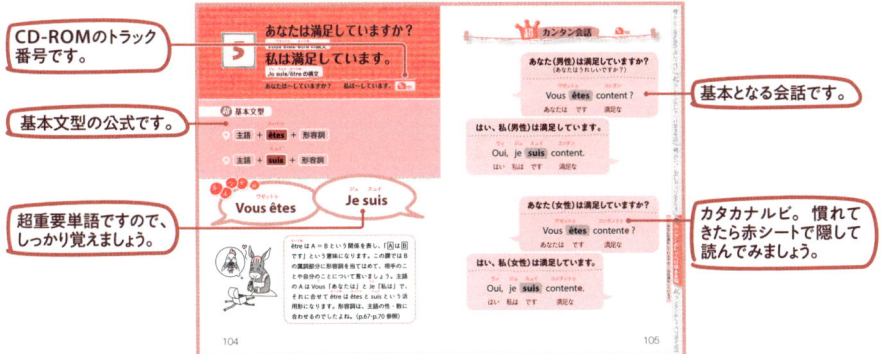

- CD-ROMのトラック番号です。
- 基本文型の公式です。
- 超重要単語ですので、しっかり覚えましょう。
- 基本となる会話です。
- カタカナルビ。慣れてきたら赤シートで隠して読んでみましょう。

超カンタンおしゃべりワイド

ちょっとずつことばを増やして、フランス語の構造をつかみましょう。音声は、日本語→フランス語→フランス語のみの順で収録しています。

超カンタンしゃべって！きいて！こたえて！

● 単語チェック
声に出して、単語を覚えましょう。
音声は日本語→フランス語の順です。
● 文型チェック
質問と答えの組み合わせを覚えましょう。文字が濃い部分を声に出して言えるようにしましょう。音声はフランス語→日本語の順です。

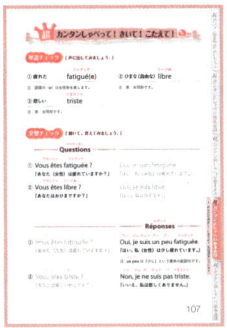

超 カンタンおしゃべり基本会話

　フランス旅行でよくあるシーンをまとめた会話です。フランスにいる場面を想定して練習しましょう。音声はフランス語のみです。

5

本書の使い方　　　　　　　　　　　　　　　　　　　　　　　　4

超カンタン 基本発音でおしゃべり　　　　　　　　　　9

フランス語でおしゃべりするために　　　　　　　　　　　　　10

1 alphabet アルファベ　14 ／ **2** つづり字記号　15 ／ **3** 流れるリズム　28

超カンタン おしゃべり基本単語　　　　　　　　　　31

1 私・あなた・彼・彼女　主語人称代名詞　　　　　　　　　32

2 私・あなた・彼・彼女　人称代名詞強勢形　　　　　　　　33

3 家族　　　　　　　　　　　　　　　　　　　　　　　　34

4 数字　　　　　　　　　　　　　　　　　　　　　　　　35

5 値段（数字とともに）　　　　　　　　　　　　　　　　36

6 時刻（数字とともに）　　　　　　　　　　　　　　　　37

7 朝・昼・晩／昨日・今日・明日　　　　　　　　　　　　38

8 月・曜日・季節　　　　　　　　　　　　　　　　　　　39

9 カンタン基本表現　あいさつ／謝礼／謝罪／受け答え／自己紹介／

別れのあいさつ／別れのあいさつ（[bon ＋名詞] の表現）／

テーブルで／お願い／あいづち／祝福／激励／提示表現／何／誰／

天候／疑問副詞／その他／前置詞　　　　　　　　　　　42

超カンタン おしゃべり基本文法　　　　　　　　　　57

フランス語のしくみ

名詞の性／名詞の複数形／冠詞／指示形容詞／所有形容詞／形容詞　　58

文の作り方

主語人称代名詞／人称代名詞強勢形／指示代名詞／不定代名詞／動詞／文の語順　　70

ファッション		80

超カンタン おしゃべり基本表現　　　81

おしゃべりのための動詞の紹介　超基本動詞　　　82

1	あなたは日本人ですか？（Vous êtes / être の構文） 私は日本人です。（Je suis / être の構文）	88
2	あなたは会社員ですか？（Vous êtes / être の構文） 私は会社員です。（Je suis / être の構文）	92
3	あなたは会社員ですか？（Vous êtes / être の構文） 私は会社員ではありません。（Je ne suis pas / 否定文）	96
4	あなたは東京にいますか？（Vous êtes / être の構文） 私は東京にいます。（Je suis / être の構文）	100
5	あなたは満足していますか？（Vous êtes / être の構文） 私は満足しています。（Je suis / être の構文）	104
6	あなたはカサを持っていますか？（Vous avez / avoir の構文） 私はカサを持っています。（J'ai / avoir の構文）	108
7	マカロン、ありますか？（Vous avez / avoir の構文） マカロン、あります。（J'ai / avoir の構文）	112
8	あなたはお腹がすいていますか？（Vous avez / avoir の構文） 私はお腹がすいています。（J'ai / avoir の構文）	116
9	あなたはチョコレートが好きですか？（Vous aimez / aimer の構文） 私はチョコレートが好きです。（J'aime / aimer の構文）	120
10	あなたは歌うのが好きですか？（Vous aimez / aimer の構文） 私は歌うのが好きです。（J'aime / aimer の構文）	124
11	あなたはフランス語を話しますか？（Vous parlez / parler の構文） 私はフランス語を話します。（Je parle / parler の構文）	128
12	あなたはパンを食べますか？（Vous mangez / manger の構文） 私はパンを食べます。（Je mange / manger の構文）	132

13	あなたはパリに行きますか？ （Vous allez / aller の構文）	
	私はパリに行きます。 （Je vais / aller の構文）	136
14	あなたは地下鉄に乗りますか？ （Vous prenez / prendre の構文）	
	私は地下鉄に乗ります。 （Je prends / prendre の構文）	140
15	あなたは買い物をしますか？ （Vous faites / faire の構文）	
	私は買い物をします。 （Je fais / faire の構文）	144
16	あなたは水が欲しいですか？ （Vous voulez / vouloir の構文）	
	私は水が欲しいです。 （Je veux / vouloir の構文）	148
17	入ってもいいですか？ （Je peux / pouvoir の構文）	
	あなたは入れます。 （Vous pouvez / pouvoir の構文）	152

感想の表現　156

超カンタン おしゃべり基本会話　157

1	はじめまして 158 / 2 観光ですか？ 159 / 3 ご職業は？ 160
4	地図が欲しいです。 161 / 5 日本語を学んでいます。 162
6	どこに住んでいますか？ 163 / 7 レストランに行きましょうか？ 164
8	レストラン① 165 / 9 レストラン② 166 / 10 レストラン③ 167
11	美術館で 168 / 12 カフェで 169 / 13 ショッピング① 170
14	ショッピング② 171 / 15 地下鉄で 172 / 16 ホテルで 173
17	両替所で 174 / 18 タクシーで 175

身の回り品　176

単語帳　177

超カンタン
基本発音でおしゃべり

おしゃべりするために、まずは基本の発音を学びましょう！
大切なことは声をしっかり出して練習することです。

フランス語でおしゃべりするために

英語とフランス語

　フランス語は、英語と同じアルファベットで表す言語です。しかも一説によると英語とフランス語の80％もの単語が共通と言われています。フランス語と英語がそんなに似ているだなんて、ちょっと意外な感じがしませんか？

　今や小学校から英語教育がはじまる日本ですから、「英語に似ているのなら、フランス語も気軽にいけるかしら」と、感じていただけるはず。

　ゲルマン語を先祖にもつ英語はドイツ語と似ているとよく言われますが、実は、遠くの親戚より近くの他人である隣国のフランス語のほうがはるかに親密なのです。ここで、少しだけ英語とフランス語のつながりのお話をしましょう。ゲルマン語から派生した英語とラテン語からできたフランス語が、どうして密接な関係になったのでしょうか。それは、ドーバー海峡をへだてたイギリスとフランスの2つの国の複雑な歴史がもたらした結果なのです。

英語とフランス語の密な関係

　その関係は、はるか昔の11世紀にフランスのノルマン人によるイギリス征服からはじまります。その征服によって、フランスのノルマンディー公＝イギリス国王という構図ができました。政治的にもフランスと密接になり、フランス文化がイギリスを席巻しました。それから約300年間イギリスの支配階級・上流階級はノルマン人

で占められ、ノルマン人の言語であるフランス語が公用語となったのです。つまりイギリスでは、英語とフランス語の2言語が併用されていたのです。いわゆる上流社会ではフランス語が、中流・下流社会では英語が話されていたわけです。こうした約300年も続いたフランス語支配は英語にさまざまな面で大きな影響を与え、おもに文化的なフランス語彙が英語に大量に流入しました。

英語とフランス語の2重構造

　そして、ジャンヌ・ダルクが登場した英仏百年戦争（1337年－1453年）を機に、当然のことながら、イギリスでは敵国であるフランスのことばは退けられて英語が復権しました。しかし、長期間に及ぶ言語の2重構造のおかげで、英語の語彙の半数以上はフランス語系に由来することになり、必然的に語法のなかにもフランス語から取り入れたものがかなり存在することになったのです。

　その2重構造のなごりを表すたとえとして、「動物は英語で肉はフランス語」という表現があります。動物名の牛は ox で牛肉は beef（＝フランス語の bœuf）、豚は pig で豚肉は pork（＝フランス語の porc）、羊は sheep で羊肉は mutton（＝フランス語の mouton）などです。これは、被支配者たちが育てた動物の肉を、ノルマンディーからやって来た支配者たちが食べていたために生れた言語の2重構造の典型とよく言われています。少し話がそれてしまいましたが、英語とフランス語の親密さがわかっていただけたと

思います。

英語を活かしたフランス語学習

　このように近しい 2 つのことばなのですから、英語の知識はフランス語を学ぶときに自然と活かされるでしょう。

　ここで、日本語としても当たり前のように使われていて、容易に思い浮かぶ英語とフランス語の共通語をいくつか挙げてみましょう。table、important、chance、station、champion、catalogue、illusion、taxi、secret、mobile、animal、tunnel、machine、illumination、hotel、interview、collection、face、site など、まだまだあります。なにしろ英語とフランス語の 80％が共通なのですから、英語と同じように考えれば、一見しただけで大まかな意味がすぐに類推できるというわけです。

　英語とフランス語の単語は 80％が共通、そのなかには、つづりがまったく同じ単語と、classe（英語では class）や mariage（英語では marriage）のように少しだけつづりが違っている単語も含まれています。また、同じ語源であっても、意味が微妙にズレているものもあります。そのような場合でも、考えようによってはフランス語学習にとって、むしろプラスになります。

　英語の知識を活用してフランス語に取り組めば、フランス語学習に対する緊張感もなくなり、リラックスして勉強がはじめられるでしょう。まずは、フランス語でおしゃべりするための基本の発音入

門から挑戦しましょう。親しみやすく感じていただくために、日本語としても英語としてもよく使われている身近なフランス語ばかり集めました。大事なことは、恥ずかしがらずに大きな声で発音を真似て、繰り返し声に出すことです。

 **alphabet アルファベ**

英語と同じ alphabet を用います。フランス語は語末の子音字を発音しないのでアルファベと読みます。音声を聞きながら、このアルファベ 26 文字の呼び方に慣れてください。次に、音声を真似しながら声に出してみましょう。注：母音（茶字）は 6 つ。

A,a ア	B,b ベ	C,c セ	D,d デ		
E,e ウ	F,f エフ	G,g ジェ	H,h アシュ		
I,i イ	J,j ジ	K,k カ	L,l エル	M,m エム	N,n エヌ
O,o オ	P,p ペ	Q,q キュ	R,r エール	S,s エス	T,t テ
U,u ユ	V,v ヴェ	W,w ドゥブルヴェ	X,x イックス		
Y,y イグレック	Z,z ゼドゥ				

注：耳慣れない音もありますが、今の段階では似ている音を出すようにこころがけましょう。

On va parler! オン ヴァ パルレ 【声に出してみましょう！】 002

次のアルファベを発音して、その読みをカタカナで書きましょう。どれもフランスでよく見かける略語です。

1. AOC　原産地統制呼称（ワイン）　[　　　　　]
2. SNCF　フランス国有鉄道　[　　　　　]
3. RATP　パリ交通公団　[　　　　　]
4. TVA　付加価値税　[　　　　　]

解答：1. アオセ　2. エスエヌセエフ　3. エールアテペ　4. テヴェア

14

2 つづり字記号 003

　アルファベ 26 文字のいくつかの文字には、次のような特殊な記号がつくことがあります。これをつづり字記号といいます。つづりの一部です。

記号	名称	例	単語例
´	アクサン・テギュ	é	début デビュー 男 （デビュ）
`	アクサン・グラーヴ	à, è, ù	système システム 男 （スィステーム）
^	アクサン・スィルコンフレックス	â, ê, î, ô, û	hôtel ホテル 男 （オテル）
¨	トレマ	ë, ï, ü	Hawaï ハワイ 男 （アワイ）
¸	セディーユ	ç	leçon レッスン 女 （ルソン）
'	アポストロフ		hors-d'œuvre オードブル 男 （オルドゥーヴル）
-	トレ・デュニオン		pot-pourri ポプリ 男 （ポ プリ）

注：アクサン記号は、英語のアクセントのように強く発音する箇所を示す記号ではありません。

15

つづりと発音

　フランス語の発音の法則はシンプルです。つづりと発音の関係が規則的なので、その基本ルールさえわかれば、はじめて見る単語でもつづりにしたがってすらすら読めるようになります。英語よりもはるかに簡単です。はじめは音と読みの基本ルールに戸惑うこともあるかもしれませんが、繰り返し聞いて声に出して言ってみましょう。聞き慣れてしまえば、なんの違和感も感じることなく楽しく発音できるようになります。では、3つの超基本ルールから。

超基本ルール① 004

ローマ字のように発音する。

　　アニマル　　　　　　　　ラディオ　　　　　　　　サファリ
　　animal 動物 男　　　　radio ラジオ 女　　　　safari サファリ 男

超基本ルール② 005

語末の e と語末の子音字は発音しない。ただし、語末の c,f,l,r は発音される場合が多い。

　　クラス　　　　　　　　　パリ　　　　　　　　　　ゴルフ
　　classe クラス 女　　　　Paris パリ 男　　　　　golf ゴルフ 男

超基本ルール③ 006

h は発音しない。

　　オテル　　　　　　　　　オリゾン
　　hôtel ホテル 男　　　　horizon 地平線 男

注：h ［―］は、常に発音されません。しかし、語頭の h には、「無音の h」と「有音の h」という区別があります。前者は、母音ではじまる単語とみなされます。後者は、リエゾンやエリズィヨン（p.28 参照）の対象から外れます。「有音の h」は、辞書などで見出し語の左に†のような印で示されています。héro［エロ］英雄などがそれに当たりますが、基本単語で使用頻度が高いのは、圧倒的に「無音の h」です。

基本ルールを押さえて、ローマ字読みですらすらと読むためには、それぞれの文字の音を知らなければなりません。アルファベ 26 文字を母音字と子音字の 2 つのグループに分けて、音とその音の出し方のコツを紹介します。まず母音字の音からですが、これらは日本語の母音のアイウエオを大いに活用することができます。日本語は 5 つの母音のみですが、それに対してフランス語では 16 もの母音の音があります。3 倍以上と思われるかもしれませんが、これらも口の形と舌の位置を意識して、アイウエオの音を使い分ければ、いい音が出せます。気楽に声に出しましょう。もっとも近い音のカタカナを表記しますが、必ず音声を聞いて、コツを意識しながら正確な音を真似してください。とにかく声に出すことが大切です。

① 単母音字の発音（母音字1つ） 007

a, à, â ［ア］ 口を大きく開けて

ターブル
table　テーブル 女

ア ラ モードゥ
à la mode　流行の

アージュ
âge　年齢 男

i, î, ï, y ［イ］ 口を思いきり左右に引っ張りながら

イマージュ
image　イメージ 女

ディネ
dîner　夕食 男

エゴイストゥ
égoïste　エゴイスト 名

スティル
style　スタイル 男

o, ô ［オ］ 唇を突き出しながら

カタログ
catalogue　カタログ 女

オピタル
hôpital　病院 男

17

u, û　[ユ]　口をすぼめて［イ］と言う感じで

イリュズィヨン
illusion 幻影 囡

フリュトゥ
flûte フルート 囡

音節末の e　[ウ]　口を大き目に開けて軽い感じで

プロムナードゥ
promenade 散歩 囡

スクレ
secret 秘密 男

プティ
petit 小さい

注：音節とは、ひとまとまりの音として単語を構成する単位のことをさします。フランス語の音節は［母音］、［子音＋母音］の組み合わせがほとんどで、日本語の音節とほぼ同じです。そのため、フランス語をローマ字のように読むことが効果的なのです。（子音のみで音節を作ることはありません。）

音節例　ムニュ　　　　　　　　ム　ニュ
　　　　menu コース料理 男　→　me-nu

---

e（語末・音節末以外）　[エ]

テニス
tennis テニス 男

テュネル
tunnel トンネル 男

オムレットゥ
omelette オムレツ 囡

é, è, ê, ë　[エ]

アカデミ
académie アカデミー 囡

プロブレム
problème 問題 男

アンケートゥ
enquête アンケート 囡

ノエル
Noël クリスマス 男

On va parler! オン ヴァ パルレ　[声に出してみましょう！] 　008

次の単語を下線の母音に注意しながら読んでみましょう。次にその音をカタカナで書いてみましょう。

1. n<u>a</u>ture　自然 囡　　[　　　　　]
2. d<u>a</u>te　日付 囡　　[　　　　　]
3. p<u>o</u>ss<u>i</u>ble　可能な　　[　　　　　]
4. t<u>y</u>pe　タイプ 男　　[　　　　　]
5. fr<u>a</u>ppé　冷えた　　[　　　　　]

解答：1. ナテュー**ル**　2. ダットゥ　3. ポスィーブル　4. ティップ　5. フ**ラ**ッペ

② 複母音字の発音 （複母音字＝母音字が2つ以上）  009

　フランス語では、2つ以上の母音字の組み合わせで1つの音を出すときに複母音と言います。その組み合わせは8つで、音は5つだけです。ですから、見た目は複雑そうですが、つづりと音の関係ははっきりしているので難しくありません。慣れてしまえばシンプルです。

ai / ei ［エ］

ルネサーンス　　　　　　　　ベージュ
renaissance ルネサンス 囡　　beige ベージュ色の

au / eau ［オ］

オト　　　　　　　　　　　ボテ
auto 自動車 囡　　　　　　beauté 美 囡

19

eu / œu [ウ] 口を丸く大きく開けて［エ］と言う感じで

ブルー
bleu 青い

ブフ
bœuf 牛 男

注：o の後ろに e が続くとき、フランス語では合字の œ を使うことが多いです。

ou [ウ] 口を丸くとがらせながら強く

スープ
soupe スープ 女

ヌガ
nougat ヌガー 男

oi [オワ]

トワレットゥ
toilettes トイレ 女・複

クロワサン
croissant クロワッサン 男

On va parler! 【声に出してみましょう！】 010
オン ヴァ パルレ

次の単語を下線の母音に注意しながら読んでみましょう。次にその音をカタカナで書いてみましょう。

1. gourmet グルメ 男　　　　　[　　　　　　]
2. bouquet de fleurs 花束 男　[　　　　　　]
3. mayonnaise マヨネーズ 女　[　　　　　　]
4. sauce ソース 女　　　　　　[　　　　　　]
5. poison 毒 男　　　　　　　[　　　　　　]

解答：1. グルメ　2. ブケ　ドゥ　フルール　3. マヨネーズ　4. ソース　5. ポワゾン

③ 鼻母音の発音 （母音字＋ m, n） 🎧 011

　一番近い音で［アン］［オン］と表記しますが、実際は口を閉じずに［ア］や［オ］の口の形のままで［ン］と言ってみましょう。

注：語頭の em/en 以外で mm,nn というように m と n が重なる場合には鼻母音になりません。

**am, an, em, en, im, in, ym, yn,
aim, ain, eim, ein, um, un**　　［アン］

パンフレ
p**am**phlet　パンフレット 男

アンサンブル
ensemble　一緒に

アンポルタン
import**an**t　重要な

アンテリジャン
intelligent　頭のいい

サンフォニ
s**ym**phonie　シンフォニー 女

トラン
tr**ain**　電車 男

パルファン
parf**um**　香水 男

サン
s**ain**t　聖なる

---

om, on　［オン］

トロンペットゥ
tr**om**pette　トランペット 女

ロン
l**on**g　長い

オン ヴァ パルレ
On va parler!　［声に出してみましょう！］ 🎧 012

次の単語を下線の母音に注意しながら読んでみましょう。次にその音をカタカナで書いてみましょう。

1. viol**en**ce　暴力 女　　　　［　　　　　　　］
2. **in**formation　情報 女　　　　［　　　　　　　］

21

3. symbole シンボル 男　　　　[　　　　　　　]
4. simple 簡単な　　　　　　[　　　　　　　]
5. France フランス共和国 女　[　　　　　　　]

解答：1. ヴィヨラーンス　2. アンフォルマスィヨン　3. サンボル　4. サンプル　5. フランス

④ 特殊な母音の発音 （半母音） 013

i＋母音字
[イ] を後続の母音と一続きにさっと発音

ピヤノ
piano ピアノ 男

ヴィオロン
violon バイオリン 男

u＋母音字
[ユ] を後続の母音と一続きにさっと発音

スュイス
Suisse スイス 女

キュイズィーヌ
cuisine 料理、台所 女

ou＋母音字
[ウ] を後続の母音と一続きにさっと発音

スィルエットゥ
silhouette シルエット 女

ウエストゥ
ouest 西 男

ail(l) [アイユ]

デタイユ
détail 細部 男

トラヴァイユ
travail 仕事 男

eil(l) ［エイユ］

ソレイユ
sol<u>eil</u> 太陽 男

マルセイユ
Mars<u>eill</u>e マルセイユ（南フランスの都市）

---

ill ［イーユ］

マキヤージュ
maqu<u>ill</u>age 化粧 男

フィーユ
f<u>ill</u>e 少女 女

例外　ヴィル　　　　ミル
　　　v<u>ill</u>e 都市 女　m<u>ill</u>e 千の

オン ヴァ パルレ
On va parler! ［声に出してみましょう！］ 🔊 014

次の単語を下線の母音に注意しながら読んでみましょう。次にその音をカタカナで書いてみましょう。

1. n<u>ua</u>nce　ニュアンス 女　　［　　　　　　］
2. m<u>a</u>r<u>ia</u>ge　結婚 男　　　［　　　　　　］
3. v<u>io</u>lette　スミレ 女　　　［　　　　　　］
4. fam<u>ille</u>　家族 女　　　　［　　　　　　］
5. Versa<u>ill</u>es　ベルサイユ　［　　　　　　］

解答：1. ニュアンス　2. マリアージュ　3. ヴィヨレットゥ　4. ファミーユ　5. ヴェルサイユ

23

次は子音字の読み方です。ここでは、すべての子音字を取り上げます。そうすれば、ローマ字読みのように子音と母音を組み合わせてカンタンに発音することができます。

⑤ 子音字の発音 🎧 015

b [ブ]
ビストロ
bistro ビストロ 男

c [ク]
ビスキュイ
biscuit ビスケット 男
注：c + a [カ] c + o [コ]
　　c + u [キュ]

c [ス]
スィネマ
cinéma 映画館 男
注：c + e [ス] c + i [スィ]
　　c + y [スィ]

d [ドゥ]
ダンス
danse ダンス 女

f [フ]
フィルム
film 映画 男

g [グ]
ガラージュ
garage ガレージ 男
注：g + a [ガ] g + o [ゴ]
　　g + u [ギュ]

g [ジュ]
ジム
gym 体操 女
注：g + e [ジュ] g + i [ジ]
　　g + y [ジ]

j [ジュ]
ジョブ
job （一時的な）仕事 男

24

| k | [ク] | キロ
k̲ilo キロ 男 |

| l | [ル] | スィラーンス
sil̲ence 沈黙 男 |

| m | [ム] | マルムラードゥ
m̲arm̲elade マーマレード 女 |

| n | [ヌ] | マドレーヌ
madelein̲e マドレーヌ 女 |

| p | [プ] | ポワン
p̲oint ポイント 男 |

| q | [ク] | ケスティヨン
q̲uestion 質問 女 |

| r | [ル] | レストラン
r̲estaur̲ant レストラン 男 |

注：rの音は、日本語にも英語にも存在しない特殊な音です。しかし、頻繁に登場する子音字でフランス語らしい響きを出す音です。rの音を習得できれば、フランス語の読みをマスターしたと言えます。実際には、水なしでうがいをするような感覚で「ハヒフヘホ」を喉の奥で発音します。恥ずかしがらずに、声に出して言ってみましょう。カタカナ表記ではlとrはどちらも［ル］となりますが、本書ではrのほうのカタカナを太字にします。

25

母音＋S＋母音	[ズ]	ポワゾン poi_son 毒 男
S（上記以外）	[ス]	セルヴィス _service サービス 男
ss	[ス]	メサージュ me_ssage メッセージ 男
t	[トゥ]	トゥリストゥ _touris_te 観光客 名
v	[ヴ]	リヴァル ri_val 競争相手 名
w	[ヴ]	ヴァゴン _wagon 車両、貨車 男

注：外来語の場合は［ウ］と発音することが多い。 ウィケンドゥ
week-end 週末

x	[クス]	タクスィ ta_xi タクシー 男

注：x はその位置によって［グズ］［ズ］［ス］［ク］と発音する場合もあります。

z	[ズ]	ゾーヌ _zone 地帯 女

⑥ 特殊な子音字の発音 🔊 016

ç ［ス］ leçon ルソン 課、レッスン 囡

ch ［シュ］ chocolat ショコラ チョコレート、ココア 男

gn ［ニュ］ champagne シャンパーニュ シャンパン（酒）囡

th ［トゥ］ théâtre テアトル 劇場 男　　注：h は、常に発音されません。

On va parler! オン ヴァ パルレ ［声に出してみましょう！］ 🔊 017

次の単語を下線の母音に注意しながら読んでみましょう。次にその音をカタカナで書いてみましょう。

1. chance 幸運 囡　　　　　　［　　　　　］
2. cognac コニャック 男　　　［　　　　　］
3. thé 紅茶 男　　　　　　　　［　　　　　］
4. rose バラ 囡、ピンクの　　　［　　　　　］
5. adresse 住所、アドレス 囡　 ［　　　　　］

解答：1. シャンス　2. コニャック　3. テ　4. ローズ　5. アドレス

3 流れるリズム

　ここまでは単語を発音するための解説をしました。つづりと音の関係を把握して、ローマ字のように読むことが基本でしたね。最後に、単語と単語をつなぐフランス語文の読みのリズムを勉強しましょう。といっても難しいことではありません。単語と単語が途切れることのないように心がけるだけでいいのです。フランス語の美しい音のリズムは、次の3つの決まりを守ることで生まれます。いずれも、後ろに母音ではじまる単語がきたときに要注意です。
　では、具体的にお話ししましょう。フランス語らしい流れのリズムに慣れるように音声を聞きながら繰り返し声に出してください。

① リエゾン 018

　本来は発音しない語末の子音字を、後続の単語の語頭の母音とつなげて発音します。発音しない語末の子音字に気をつけてください。

セ　オテル　ソン　トレ　アグレアーブル　　　セゾテル　ソン　トレザグレアーブル
Ces hôtels sont très agréables. ⇒ Ces_hôtels sont très_agréables.
　　　　　　　　　　　　　　　　　　　　これらのホテルはとても快適です。

注：語頭に「無音のh」がある単語は母音からはじまるとみなされます。

② アンシェヌマン 019

　語末の子音を後続の語頭の母音とつなげて発音します。

イル エ　ユヌ　ウール　　　イレ　　ユヌール
Il est une heure. ⇒ Il^est une^heure.　1時です。

注：語頭に「無音のh」がある単語は母音からはじまるとみなされます。

③ エリズィヨン 020

　　　ス ドゥ ジュ ラ ル ム ヌ ク ス トゥ
　ce, de, je, la, le, me, ne, que, se, te などの語末の母音字（e/a）が、後続の語頭の母音のために省略されます。（c', d', j', l', l', m', n', qu', s', t'）

注：語頭に「無音のh」がある単語は母音からはじまるとみなされます。

クエ ス ク ス エ　　　　　ケ ス ク セ
Que est-ce que ce est ?　⇒　Qu'est-ce que c'est ?　これは何ですか？
ス エル オペラ　　　　セ ロペラ
Ce est le Opéra.　⇒　C'est l'Opéra　オペラ座です。

注：si は、s'il, s'ils のみです。

平叙文のリズム　🎵 021

　フランス語には、英語のような複雑なアクセント（音の強調）はありません。単語1語であっても何語であっても、フランス語のアクセントは最後の音節にあります。イントネーションも平叙文では、基本的に平板な感じで読み、文末を下降調で終えます。

ウィ　　　　　　セ サ
Oui. はい。　C'est ça. そのとおりです。

セ　モン サック ブルー
C'est mon sac bleu. それは私の青いバッグです。

オン ヴァ パルレ
On va parler!　[声に出してみましょう！]　 022

次の文を読みのリズムに気をつけながら一気に読んでみましょう。

セタン　フィルム　　トレザンテレッサン
1.　C'est un film très intéressant.　これはとても興味深い映画です。

ジャリヴ　　　ダンズュヌール
2.　J'arrive dans une^heure.　1時間後に到着します。

注：語頭に「無音の h」がある単語は母音からはじまるとみなされます。

29

発音のまとめ

　聞き慣れない音に戸惑いを覚えるのはごく自然なことです。私たちの母国語は日本語ですから、生れてはじめて英語を聞いたときにも違和感を覚えているはずです。しかし、和製英語であろうとカタカナ英語であろうと、今の日本は英語で溢れています。そのおかげで何の抵抗もなく英語を口にしているのです。そうなのです、慣れているから気にならないのです。

　それでは、フランス語の音の出し方やその読みの法則はどうでしょうか？英語にくらべたらはるかにシンプルです。それなのに、いざフランス語を発音しようとすると、難しく感じてしまう。これもすべて慣れの問題なのです。

　具体的には、rの音。日本語にも英語にも存在しない特殊な音です。はじめて聞いたときには、発音不可能な音と思うかもしれません。しかし、うがいをするような感覚で「ハヒフヘホ」と喉の奥で言えば簡単にいい音が出せます。Paris の［リ］をそのように意識して言ってみてください。もうひとつ、独特な鼻母音も「鼻に抜いて発音する母音」などと、難しく考える必要はありません。例えば「アンパン」の「ン」のところを口を閉ざさず開けたまま発音します。そうすれば、un pain「ひとつのパン」と見事なフランス語の鼻母音になります。

　そして、スペルに存在するのに読まない文字、つまり h と語末の e それから語末の子音字の 3 種類の文字に気をつけて、読みのリズムの決まりにしたがって途切れることのないように読みましょう。

　あとはローマ字読みの要領で発音すればよいだけなので、日本人の私たちにとってフランス語はかなり発音しやすいことばといえます。声に出してどんどんフランス語に慣れていきましょう！

超カンタン
おしゃべり基本単語

超基本の単語と表現を集めました。すぐに使えるものばかりですので、まるごと覚えてしまいましょう！

 私・あなた・彼・彼女 主語人称代名詞

[主語・単数]

ジュ je 私は	テュ tu 君は	ヴ vous あなたは (丁寧)
イル il 彼は	エル elle 彼女は	

[主語・複数]

ヌ nous 私たちは	ヴ vous あなたたちは
イル ils 彼らは	エル elles 彼女たちは

ヴゼットゥ　　　ジャポネーズ
Vous êtes japonaise ?
あなたは日本人（女性）ですか？

　　ウィ　ジュ　スュイ　　ジャポネーズ
— **Oui, je suis japonaise.**
はい、日本人（女性）です。

 私・あなた・彼・彼女　人称代名詞強勢形

[主語の強調あるいは主語以外・単数]

モワ moi　私	トワ toi　君	ヴ vous　あなた（丁寧）
リュイ lui　彼	エル elle　彼女	

[主語の強調あるいは主語以外・複数]

ヌ nous　私たち	ヴ vous　あなたたち
ウー eux　彼ら	エル elles　彼女たち

セタン　　　カドー　　　プール　モワ
C'est un cadeau pour moi ?

これは私のためのプレゼントなの？

　　ウィ　　セ　　プール　トワ
— Oui, c'est pour toi.

そうだよ、それは君のためのだよ。

33

3 家族

グラン ペール	グラン パラン	グラン メール
grand-père	grands-parents	grand-mère
祖父	祖父母 男・複	祖母

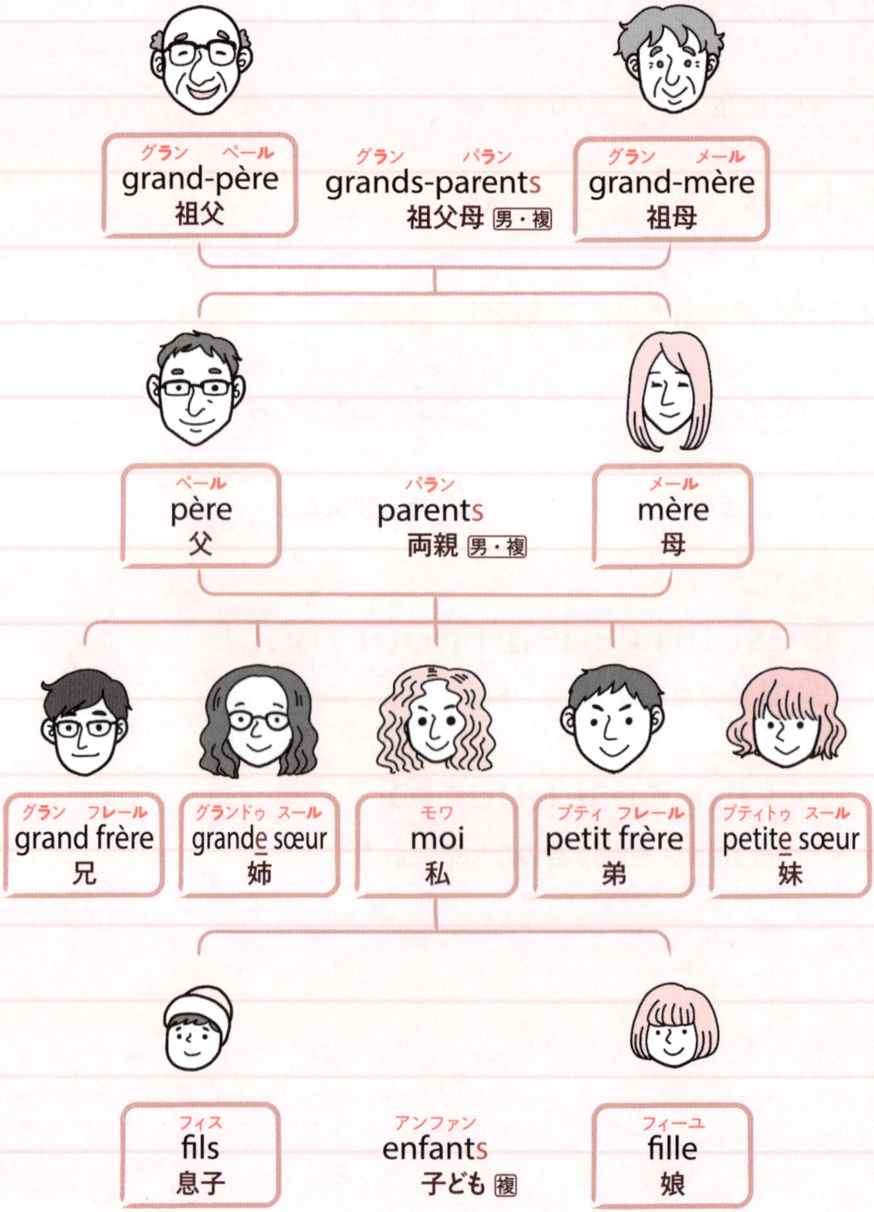

ペール	パラン	メール
père	parents	mère
父	両親 男・複	母

グラン フレール	グランドゥ スール	モワ	プティ フレール	プティトゥ スール
grand frère	grande sœur	moi	petit frère	petite sœur
兄	姉	私	弟	妹

フィス	アンファン	フィーユ
fils	enfants	fille
息子	子ども 複	娘

34

4 数字  026

アン　ユヌ un / une　1	ドゥー deux　2	トロワ trois　3
カトル quatre　4	サンク cinq　5	スィス six　6
セットゥ sept　7	ユイットゥ huit　8	ヌフ neuf　9
ディス dix　10	オンズ onze　11	ドゥーズ douze　12
トレーズ treize　13	カトールズ quatorze　14	カーンズ quinze　15
セーズ seize　16	ディ　セットゥ dix-sept　17	ディズュイットゥ dix-huit　18
ディズ ヌフ dix-neuf　19	ヴァン vingt　20	ヴァンテ　アン vingt et un　21
ヴァントゥ　ドゥー vingt-deux　22	ヴァントゥ　トロワ vingt-trois　23	ヴァントゥ　カトル vingt-quatre　24
ヴァントゥ　サンク vingt-cinq　25	ヴァントゥ　スィス vingt-six　26	ヴァントゥ　セットゥ vingt-sept　27
ヴァンテュイットゥ vingt-huit　28	ヴァントゥ　ヌフ vingt-neuf　29	トラントゥ trente　30

注：1は、次にくる名詞の性によって アン と ユヌ を使い分けます。
注：数字は、リエゾンなどの音の流れをつくるルールのために、後ろに名詞がくる場合とこない場合で読み方が異なります。
注：ものの数え方は名詞の前に数字を添えるだけです。(p.36-p.37 参照)

 **値段** 数字とともに 027

値段の言い方を数字とユーロ（ヨーロッパの通貨）で言ってみましょう。

1 ユーロ	2 ユーロ	3 ユーロ	4 ユーロ
アンヌーロ	ドゥズーロ	トロワズーロ	カトルーロ
un euro	deux euros	trois euros	quatre euros
5 ユーロ	**6 ユーロ**	**7 ユーロ**	**8 ユーロ**
サンクーロ	スィズーロ	セットゥーロ	ユイットゥーロ
cinq euros	six euros	sept euros	huit euros
9 ユーロ	**10 ユーロ**	**11 ユーロ**	**12 ユーロ**
ヌフーロ	ディズーロ	オンズーロ	ドゥーズーロ
neuf euros	dix euros	onze euros	douze euros
13 ユーロ	**14 ユーロ**	**15 ユーロ**	**16 ユーロ**
トレーズーロ	カトールズーロ	カーンズーロ	セーズーロ
treize euros	quatorze euros	quinze euros	seize euros
17 ユーロ	**18 ユーロ**	**19 ユーロ**	**20 ユーロ**
ディ セットゥーロ	ディズユイットゥーロ	ディズ ヌフーロ	ヴァントゥーロ
dix-sept euros	dix-huit euros	dix-neuf euros	vingt euros

1 ユーロコイン　　　10 ユーロ札

C'est combien ?　セ　コンビヤン　それはいくらですか？

— C'est dix euros.　セ　ディズーロ　10 ユーロです。

6 時刻 数字とともに 028

Quelle heure est-il ? 何時ですか？
（ケルーレティル）

注：時刻の表現は、具体的な意味をもたない il を形式上の主語として用いる非人称構文となります。

— Il est une heure.
（イレ ユヌール）

1時です。

注：「1時」の場合、heure が女性名詞なので une となり、単数なので複数の s は、つきません。

Il est deux heures cinq. 2時5分です。
（イレ ドゥズール サンク）

注：「〜分」は数字を付け加えるだけです。

Il est trois heures et quart. 3時15分です。
（イレ トロワズール エ カール）

注：「15分」は、et quart を使います。quart は「4分の1」という意味です。

Il est six heures et demie. 6時半です。
（イレ スィズール エ ドゥミ）

注：「30分」は、et demie を使います。demie は「2分の1」という意味です。
注：午前を表すときは du matin を、午後は de l'après-midi を、晩は du soir を後ろにつけます。

Il est midi. 正午です。
（イレ ミディ）

Il est minuit. 夜中の12時です。
（イレ ミニュイ）

7 朝・昼・晩／昨日・今日・明日 029

今朝 ス　マタン ce matin	今日の午後 セッタプレ　　ミディ cet après-midi	今晩 ス　ソワール ce soir
午前 ラ　　マティネ la matinée	日中 ラ　　ジュルネ la journée	夜の時間（晩・宵） ラ　ソワレ la soirée
昨日 イエール hier	今日 オジュルデュイ aujourd'hui	明日 ドゥマン demain
昨日の朝 イエール　マタン hier matin		明日の晩 ドゥマン　ソワール demain soir

38

8 月・曜日・季節

[月] 030

1月 ジャンヴィエ janvier	2月 フェヴリエ février	3月 マルス mars
4月 アヴリル avril	5月 メ mai	6月 ジュワン juin
7月 ジュイエ juillet	8月 ウットゥ août	9月 セプタンブル septembre
10月 オクトーブル octobre	11月 ノーヴァンブル novembre	12月 デサンブル décembre

[曜日] 031

月曜日 ランディ lundi	火曜日 マルディ mardi	水曜日 メルクルディ mercredi	木曜日 ジュディ jeudi
金曜日 ヴァンドゥルディ vendredi	土曜日 サムディ samedi	日曜日 ディマンシュ dimanche	

[季節] 032

春 プランタン printemps	夏 エテ été	秋 オトヌ automne	冬 イベール hiver

Le combien sommes-nous ?　何日ですか?

Nous sommes le seize mai.　5月16日です。

[日付：le ＋日＋月＋年]

le vingt-deux juillet 2016　2016年7月22日

[毎月1日のみ ⇒ le premier ＋月]

le premier février　2月1日

Quel jour sommes-nous ?　何曜日ですか?

Nous sommes lundi.
月曜日です。

注：le ＋曜日は、「毎週～曜日」です。　le jeudi 毎週木曜日に

Quelle saison aimez-vous ? どの季節が好きですか？
ケル　　セゾン　　エメ　　ヴ

— J'aime beaucoup l'été. 夏が大好きです。
ジェム　　　ボク　　　　レテ

オ　プランタン
au printemps 春に

アンネテ
en été 夏に

アンノトヌ
en automne 秋に

アンニヴェール
en hiver 冬に

9 カンタン基本表現

あいさつ　035

Bonjour.（ボンジュール）　こんにちは。/ おはよう。

Bonsoir.（ボンソワール）　こんばんは。（別れるときにも）

Salut.（サリュ）　やあ。（別れるときにも）

Comment allez-vous ?（コマンタレ ヴ）　お元気ですか?

— **Je vais très bien. Merci. Et vous ?**（ジュ ヴェ トレ ビヤン メルスィ エ ヴ）
とても元気です。ありがとう。あなたは?

Comment ça va ?（コマン サ ヴァ）　元気ですか?（親しい間柄で）

— **Ça va bien. Merci. Et toi ?**（サ ヴァ ビヤン メルスィ エ トワ）
元気です。ありがとう。君は?

注：体調をたずねられたときにはお礼も言って必ず相手の調子も聞きましょう。

謝礼　036

Merci beaucoup.（メルスィ ボク）　どうもありがとう。

42

<ruby>C'est gentil<rt>セ ジャンティ</rt></ruby>.　　　　　どうもご親切にありがとう。

<ruby>Je vous en prie<rt>ジュ ヴザン プリ</rt></ruby>.　　　どういたしまして。

<ruby>De rien<rt>ドゥ リヤン</rt></ruby>.　　　　　　どういたしまして。
注：くだけた答え方です。

謝罪　　　　　　　　　　　　　　　　　　🔊 037

<ruby>Pardon<rt>パルドン</rt></ruby>.　　　　　　　すみません。

<ruby>Excusez-moi<rt>エクスキュゼ モワ</rt></ruby>.　　　　ごめんなさい。

<ruby>Désolé<rt>デゾレ</rt></ruby>(e).　　　　　　ごめんなさい。
注：女性が言う場合には語尾に e をつけますが、発音は同じです。

<ruby>Ce n'est pas grave<rt>ス ネ パ グラーヴ</rt></ruby>.　たいしたことはありません。

<ruby>Ce n'est rien<rt>ス ネ リヤン</rt></ruby>.　　　何でもありません。

<ruby>Je vous en prie<rt>ジュ ヴザン プリ</rt></ruby>.　　　いいんですよ。
注：謝罪に対しても使います。

ドゥ　リヤン
De rien. 何でもないよ。

注：謝罪に対しても使います。

受け答え 038

ウィ
Oui. はい。

ノン
Non. いいえ。

ダコール
D'accord. わかりました。

注：賛同や承諾を表すときに使います。

ビヤン　スュール
Bien sûr. もちろんです。

注：肯定を強めるときに使います。

アヴェック　プレズィール
Avec plaisir. 喜んで。

ヴォロンティエ
Volontiers. 喜んで。

セテュヌ　　　　　　ボンニデ
C'est une bonne idée. それはいい考えですね。

ノン　　メルスィ
Non merci.　　　　　　　いいえ、けっこうです。

注：相手の申し出を断るときの言い方です。

自己紹介　　　　　　　　　　　　　　　　　🔊 039

ジュ　マペル　　　　　　ジャンヌ　　　ルノー
Je m'appelle Jeanne Renauld.

私の名前はジャンヌ・ルノーです。

注：自分の名前を名乗るときには je m'appelle 〜を使います。この他に je suis 〜
や Moi, c'est 〜のような表現もありますが、je m'appelle 〜と言うほうが自然
です。

コマン　　　　　　ヴザプレ　　　　ヴ
Comment vous appelez-vous ?

あなたの名前は何ですか？

アンシャンテ
Enchanté(e).　　はじめまして。

注：初対面の相手が名乗ったときに使います。女性が言う場合には語尾に e をつけ
ますが、発音は同じです。

別れのあいさつ　　　　　　　　　　　　　　🔊 040

オ　ルヴォワール
Au revoir.　　　　　　　さようなら。

ボンソワール
Bonsoir.　　　　　　　　さようなら。（日暮れ以降）

45

Salut. じゃあね。
（サリュ）

À bientôt. では、またね。
（ア ビヤント）

À demain. 明日ね。
（ア ドゥマン）

À tout à l'heure. またすぐあとで。
（ア トゥタ ルール）

別れのあいさつ（[bon ＋名詞] の表現） 041

Bonne nuit. おやすみなさい。
（ボンヌ ニュイ）

Bonne journée. よい一日を。
（ボンヌ ジュルネ）

Bonne soirée. よい（楽しい）夜を。
（ボンヌ ソワレ）

Bon week-end. 楽しい週末を。
（ボン ウィケンドゥ）

Bonnes vacances. 楽しい休暇を。
（ボンヌ ヴァカンス）

ポン　　ヴォワヤージュ
Bon voyage.　　　　　よい（楽しい）旅を。

テーブルで　042

ボナペティ
Bon appétit.　　　　　おいしく召し上がれ。

セ　　ボン
C'est bon.　　　　　　おいしい。

セテ　　　トレ　　ボン
C'était très bon.　　　とてもおいしかったです。（食後に）

ア　ヴォトル　　サンテ
À votre santé !　　　　乾杯！

注：「あなたの健康のために」という意味で、乾杯するときに使います。

ア　ターブル
À table !　　　　　　ごはんですよ！

お願い　043

ムスィユー　　スィル　ヴ　プレ
Monsieur, s'il vous plaît.　ちょっとすみません。

注：お願いする相手が女性の場合は、monsieur の代わりに madame を用います。

アン　カフェ　スィル　ヴ　プレ
Un café, s'il vous plaît.　コーヒー、一杯お願いします。

47

L'addition, s'il vous plaît. お会計、お願いします。

La banque, s'il vous plaît ? 銀行はどこですか？

あいづち

Ah bon ? あっそう？

C'est ça. そのとおりです。

C'est vrai. 本当にそうです。

Ce n'est pas vrai ! そんなこと信じられない！

Exactement. まさしくそのとおりです。

Tout à fait ! まったくそのとおり！

祝福 🔊 045

フェリスィタスィヨン
Félicitations !　　おめでとう！

注：結婚、出産、成功など多くの場面で使う祝福のことばです。

ブラヴォ
Bravo !　　やった！

ボンナニヴェルセール
Bon anniversaire !　お誕生日おめでとう！

ボンナネ
Bonne année !　あけましておめでとう！

激励 🔊 046

ボン　　　クラージュ
Bon courage !　頑張ってください！

ボンヌ　　　シャンス
Bonne chance !　幸運を祈ります！

ヌ　　　ヴザンキエテ　　　パ
Ne vous inquiétez pas !　心配しないでください。

ソワニェ　　ヴ　　ビヤン
Soignez-vous bien.　お大事に。

49

提示表現 　　🔴 047

C'est un musée.　　これは美術館です。
セタン　　　ミュゼ

注：c'est ＋単数名詞で「これは〜です」というように人やもの（単数）を提示する表現です。

Ce sont des musées.　　これらは美術館です。
ス　ソン　デ　　ミュゼ

注：ce sont ＋複数名詞で「これらは〜です」というように人やもの（複数）を提示する表現です。

Voici le musée du Louvre.
ヴォワスィ　ル　ミュゼ　デュ　ルーヴル

　　　　　　　　　　　ここにルーヴル美術館があります。

注：voici ＋名詞で「ここに〜があります／これが〜です」という意味になります。後ろの名詞は単数でも複数でも OK です。

Voilà le musée d'Orsay.
ヴォワラ　ル　ミュゼ　　ドルセー

　　　　　　　　　　　あそこにオルセー美術館があります。

注：voilà ＋名詞で「あそこに〜があります／あれが〜です」という意味になります。後ろの名詞は単数でも複数でも OK です。voilà は単独でもよく用いられる会話のつなぎの表現です。お金やものを相手に差し出すときなどに使います。

Il y a beaucoup de musées à Paris.
イリヤ　　ボク　　ドゥ　ミュゼ　ア　パリ

　　　　　　　　　　　パリにはたくさん美術館があります。

注：Il y a ＋名詞で「〜があります／います」という意味になります。後ろの名詞は単数でも複数でも OK です。場所を明示するときは、前置詞が必要になります。

注：beaucoup de （d'）〜は「たくさんの〜」を表す数量表現です。

50

何 　🎧048

ケ　ス　ク　セ
Qu'est-ce que c'est ?　これは何ですか？

注：「何」は疑問代名詞の qu'est-ce que ～で表します。提示表現の c'est ～「これ
は～です」と組み合わせます。とても便利な表現です。知りたいものが複数で
あっても Qu'est-ce que c'est ? を使います。提示表現の c'est ～や ce sont ～で
答えます。

⬇

セ　ラ　　　トゥーレッフェル
C'est la tour Eiffel.　これはエッフェル塔です。

ケ　ス　ク　ヴ　　　デズィレ
Qu'est-ce que vous désirez ?
何をお求めですか？

注：「何」を表す疑問代名詞の qu'est-ce que ～を使います。vous désirez「あなた
は～を望む」と組み合わせています。お店の店員さんの決まり文句です。
注：désirez の原形は désirer「望む」で第1群規則動詞の仲間です。(p.75、p.83 参
照）

誰 　🎧049

キ　エ　ス
Qui est-ce ?　どなたですか？

注：「誰」は疑問代名詞の qui を用います。提示表現の c'est ～で答えます。

⬇

セ　モワ　　ジャン
C'est moi, Jean.　私です、ジャンです。

51

天候 🔊 050

Quel temps fait-il ? （ケル タン フェティル） どんな天気ですか？

Il fait beau. （イル フェ ボ） よい天気です。

注：il fait ＋天候を表す形容詞で表現します。他の形容詞もいくつか紹介します。
mauvais モヴェ 悪い、chaud ショ 暑い、froid フロワ 寒い、frais フレ 涼しい、humide ユミッドゥ 湿気が多い

Il pleut. （イル プル） 雨が降っています。

Il neige. （イル ネージュ） 雪が降っています。

注：天候の表現は、具体的な意味をもたない il を形式上の主語として用いる非人称構文となります。

疑問副詞 🔊 051

Quand ça ? （カン サ） それはいつ？
注：quand「いつ」（カン）

Où ça ? （ウ サ） それはどこ？
注：où「どこに」（ウ）

Comment ça ? （コマン サ） それはどんな風に？
注：comment「どんな風に」（コマン）

プルクワ
Pourquoi ? なぜ？

セ　　コンビヤン
C'est combien ? それはいくら？
注：コンビヤン combien「いくら」

ヴゼットゥ　　　　コンビヤン
Vous êtes combien ? あなたがたは何人ですか？
注：コンビヤン combien「いくつ」

その他
052

サ　ヴァ
Ça va ? 大丈夫？
注：体調をたずねるときの Ça va ? を使って、ものごとの調子をきくことができます。問題がないときは、同じように Ça va.「大丈夫です。」と言います。

サ　イ　エ
Ça y est ! やった！／うまくいった！
注：ものごとが万事うまくいったときの表現です。

アタンスィヨン
Attention ! 気をつけて！／あぶない！

オ　　スクール
Au secours ! 助けて！
注：緊急事態に救助を求めるときに叫びましょう。

セタンデルディ
C'est interdit. 禁止です。／ダメです。

Je ne sais pas. 　わかりません。
ジュ ヌ セ パ

注：相手が何を言っているかわからないときにも、また知らないことを言っているときにも使います。街頭セールス的なものを断る場合にも有効です。

Vous pouvez répéter. 　もう一度お願いします。
ヴ プヴェ レペテ

C'est libre ? 　ここは空いていますか？
セ リーブル

注：席が空いているかどうかなどをたずねる言い方です。

Il y a quelqu'un ? 　誰かいますか？
イリヤ ケルカン

注：トイレなどでも使えます。

前置詞　053

à：場所や時間などを表します。「〜に、〜へ」
ア

Je suis à Paris. 　私はパリにいます。
ジュ スュイ ア パリ

de：出発点や所有などを表します。「〜から、〜の」
ドゥ

Je suis de Paris. 　私はパリ出身です。
ジュ スュイ ドゥ パリ

注：de は、後ろに母音あるいは無音の h で始まる語が続くときは d' とエリズィヨンします。

アン
en：場所や時間また状態などを表します。「～に、～で」

ジュ　スュイ　アン　　フ**ラ**ンス
Je suis <u>en</u> France.　　私はフランスにいます。

ダン
dans：場所や時間などを表します。「～のなかに、～後に」

ジュ　スュイ　　ダン　　ラ　　メゾン
Je suis <u>dans</u> la maison.　　私は家のなかにいます。

シェ
chez：人を表す名詞・代名詞とともに用います。「～の家に」

ジュ　スュイ　　シェ　　ポール
Je suis <u>chez</u> Paul.　　私はポールの家にいます。

ス**ュ**ル
sur：場所や位置などを表します。「～の上に」

ジュ　スュイ　ス**ュ**ル　ラ　　プ**ラ**ス　　ディタリ
Je suis <u>sur</u> la place d'Italie.
　　　　　　　　　　　　　私はイタリア広場（の上）にいます。

スー
sous：位置などを表します。「～の下に」

ジュ　スュイ　　スー　　ル　スィエル　ドゥ　　パリ
Je suis <u>sous</u> le ciel de Paris.
　　　　　　　　　　　　　私はパリの空の下にいます。

ドゥヴァン
devant：場所などを表します。「～前に」

ジュ　スュイ　　ドゥヴァン　ラ　　バンク
Je suis <u>devant</u> la banque.
　　　　　　　　　　　　　私は銀行の前にいます。

55

derrière(デリエール)：場所などを表します。「～後ろに」

Je suis <u>derrière</u> vous.(ジュ スュイ デリエール ヴ)　私はあなたの後ろにいます。

場所を表す前置詞の à、de、en(ア ドゥ アン)：後ろにくる国名によって次のように使い分けます。

au(オ) ＋男性単数名詞の国（p.63 参照）　　du(デュ) ＋男性単数名詞の国（p.63 参照）

　au Japon(オ ジャポン)　日本へ　　　　　　**du Japon**(デュ ジャポン)　日本から

en(アン) ＋女性単数名詞の国　　　　　　　　de(ドゥ) ＋女性単数名詞の国

　en France(アン フランス)　フランスへ　　　**de France**(ドゥ フランス)　フランスから

aux(オ) ＋複数名詞の国（p.63 参照）　　des(デ) ：＋複数名詞の国（p.63 参照）

　aux États-Unis(オゼタズュニ)　　　　　　**des États-Unis**(デゼタズュニ)
　　　　アメリカへ　　　　　　　　　　　　　　　　アメリカから

注：à Paris(ア パリ)「パリに」/ de Paris(ドゥ パリ)「パリから」は都市名とともに使う場合です。

超カンタン
おしゃべり基本文法

フランス語を理解するために基本的な
文法も学びましょう！
おしゃべりの幅がぐっと広がります！

フランス語のしくみ

　フランス語でおしゃべりするために必要な「超カンタン基本発音」と「超カンタン基本単語」を勉強してきました。さぁ、次こそ本格的に会話の習得といきたいところですが、ちょっとその前に文法のしくみを知ってフランス語の基礎力をつけましょう。少々難しいことにも触れなければなりませんが、語学学習には避けて通れない道です。ここでは、ごく基本的な文法を学びましょう。

[名詞の性]

　英語との大きな違いとして、まず挙げられるのは、フランス語の名詞に性の区別があることです。ラテン語から派生したフランス語には、「父」や「母」のように自然の性に従っているものや生物以外の名詞にも文法上の性の区別があります。それにともなって、関係している名詞の性と数に合わせて、冠詞と形容詞も性と数の一致をしなければなりません。

　はじめは戸惑うかもしれませんが、基本単語を何度も目にしていくうちに慣れてきます。もちろん、少しずつ覚えていきましょう。「超カンタン基本発音」でも、名詞の後ろに名詞の性の区別をしるしておきました。ですから、知らず知らずに意識されていたのではないでしょうか？

　　注：男性名詞＝男、女性名詞＝女、男性形と女性形を両方もつ名詞＝名

　では、馴染みやすい基本単語とともに具体的に勉強しましょう。まず、自然の性にしたがって区別されている名詞からはじめます。例えば、père「父」＝男性名詞やmère「母」＝女性名詞などです。一目でわかるように一覧表にしました。

054

男性名詞	女性名詞
homme（オム）男性	femme（ファム）女性

58

ガルソン garçon 少年、男の子	フィーユ fille 少女、女の子
オンクル oncle おじ	タントゥ tante おば
マリ mari 夫	ファム femme 妻

自然の性にしたがって区別される名詞のなかに、男性形の語尾に e をつけると女性形になる名詞もあります（身分、国籍、職業など）。

055

男性形（原形）	女性形
アミ ami 男友だち	アミ amie 女友だち
フィアンセ fiancé 婚約者	フィアンセ fiancée 婚約者
ヴォワザン voisin 隣人	ヴォワズィーヌ voisine 隣人
フランセ Français フランス人	フランセーズ Française フランス人
ジャポネ Japonais 日本人	ジャポネーズ Japonaise 日本人
エテュディアン étudiant 大学生	エテュディアントゥ étudiante 大学生
アンプロワイエ employé 会社員	アンプロワイエ employée 会社員

注：アンファン
enfant 子ども 图、ジュルナリストゥ
journaliste ジャーナリスト 图、アルティストゥ
artiste 芸術家 图 のように男・女同形の名詞もあります。
注：語尾に e がつくことによって語尾の発音が変わる場合があります。

次に文法上の性に区別されている名詞に移りましょう。例えばsoleil「太陽」
＝男性名詞、lune「月」＝女性名詞のように。

ソレイユ
リュンヌ

056

男性名詞	女性名詞
ユニヴェール univers 宇宙	エトワル étoile 星
スィエル ciel 空	メール mer 海
アルブル arbre 木	フルール fleur 花
ガトー gâteau ケーキ	タルトゥ tarte タルト
マカロン macaron マカロン	ムース mousse ムース
ソルベ sorbet シャーベット	グラス glace アイスクリーム
クロワサン croissant クロワッサン	バゲットゥ baguette フランスパン
フロマージュ fromage チーズ	コンフィテュール confiture ジャム
ジャンボン jambon ハム	ソスィス saucisse ソーセージ
ムロン melon メロン	ポワール poire 洋梨
レザン raisin ブドウ	バナーヌ banane バナナ
カフェ café コーヒー	オ eau 水

ヴァン vin ワイン	ビエール bière ビール
ジュ　ドランジュ jus d'orange オレンジジュース	リモナードゥ limonade レモンソーダ
スィードル cidre シードル	リクール liqueur リキュール

[名詞の複数形] 057

　フランス語の名詞の複数形の作り方は、原則として語尾に s をつけます。ただし、**その s は発音しません**（語尾の子音は発音しない）。

　　　　　　単数　　　　　　　　　複数

　　ガルソン　　　　　　　　　ガルソン
　　garçon 少年　⇒　garçon**s** 少年たち

　　フィーユ　　　　　　　　　フィーユ
　　fille 少女　⇒　fille**s** 少女たち

　注：語尾が s、x、z の名詞は単・複同形です。
　注：名詞の語尾のつづりによって x などで複数を表す場合もあります。

　名詞を勉強するときに、その読み方や意味とともに性別までも意識しないといけないというわけですが、次の冠詞と一緒に発音してみましょう。すると、音のイメージも手伝ってらくらく名詞の性別を体得することができます。でも、必ず繰り返し声に出してくださいね。

61

[冠詞] 🔴 058

　冠詞は名詞の前に置かれ、さまざまな情報を示します。英語の a や the などにあたるもので、後続の名詞の性・数に応じて使い分けます。

	男性単数	女性単数	複数
不定冠詞	アン un	ユヌ une	デ des
部分冠詞	デュ du (de l')	ドゥ ラ de la (de l')	/
定冠詞	ル le (l')	ラ la (l')	レ les

　注：（ ）内はエリズィヨンの場合。

不定冠詞 🔴 059

　不特定の数えられる名詞の前に置いて、「1つの」あるいは「いくつかの」というような意味を表します。

アン　ガルソン
un garçon　1人の少年　　デ　ガルソン
des garçons　何人かの少年たち

ユヌ　フィーユ
une fille　1人の少女　　デ　フィーユ
des filles　何人かの少女

部分冠詞 🔴 060

　不特定の数えられない名詞（食べ物・飲み物や抽象名詞など）の前に置いて、「いくらかの」というような意味を表します。

デュ ヴァン
du vin　いくらかのワイン　　ドゥ ラ ビエール
de la bière　いくらかのビール

de l'eau いくらかの水
(ドゥ ロー)

定冠詞 🔊 061

特定化された名詞あるいは総称する名詞の前に置きます。

le garçon その少年　　　les garçons それらの少年
(ル ガルソン)　　　　　　　(レ ガルソン)

la fille その少女　　　　les filles それらの少女
(ラ フィーユ)　　　　　　(レ フィーユ)

注：特定化された名詞として、あえて「その」「それら」と訳しました。
注：aimer「好きです」(p.75 参照) などとともに用いて対象となる名詞全体を表す場合もあります。
　　(エメ)

定冠詞と前置詞の縮約 🔊 062

前置詞 à と de は、定冠詞 le と les が続く場合、それぞれを結びつけてひとつに縮約されます。
　　　(ア)　(ドゥ)　　　　　(ル)(レ)

à + le ⇒ au (ア ル オ)	de + le ⇒ du (ドゥ ル デュ)
à + les ⇒ aux (ア レ オ)	de + les ⇒ des (ドゥ レ デ)

café au (à+le) lait カフェオレ
(カフェ オ　　　　レ)

pain aux (à+les) raisins ぶどうパン
(パン オ　　　　　レザン)

musée du (de+le) Louvre ルーヴル美術館
(ミュゼ デュ　　　　ルーヴル)

galette des (de+les) Rois ガレット・デ・ロワ（ケーキ名）
(ガレットゥ デ　　　　　ロワ)

63

ここで、冠詞とともに名詞を覚えるコツをお見せするために、不定冠詞の un、
une、des を前に置いた名詞の組み合わせを少しだけ紹介しましょう。繰り返し
声に出して発音してみてください。

男性名詞	女性名詞
アンノム un homme　1人の男性 注：リエゾンで読みます。	ユヌ　　　ファム une femme　1人の女性
アンナミ un ami　1人の男友だち 注：リエゾンで読みます。	ユナミ une amie　1人の女友だち 注：アンシェヌマンで読みます。
アンナルブル un arbre　1本の木 注：リエゾンで読みます。	ユヌ　　フルール une fleur　1本の花
アン　　　ムロン un melon　1つのメロン	ユヌ　　ポワール une poire　1つの洋梨
アン　　　マントー un manteau　1着のコート	ユネシャルプ une écharpe　1本のマフラー 注：アンシェヌマンで読みます。
アン　ジレ un gilet　1着のベスト	ユヌ　　クラヴァットゥ une cravate　1本のネクタイ
アン　　パンタロン un pantalon　1本のズボン	ユヌ　ジュップ une jupe　1枚のスカート
アン　サック un sac　1つのバッグ	ユヌ　　ヴァリーズ une valise　1つのスーツケース
アン　　パラプリュィ un parapluie　1本のカサ	ユヌ　　モントル une montre　1つの腕時計
デ　　スィゾー des ciseaux　はさみ	デ　　リュネットゥ des lunettes　メガネ

64

デ　ガン des gants　手袋	デ　　ショスュール des chaussures　靴
アン　クレヨン un crayon　1本の鉛筆	ユヌ　ゴム une gomme　1つの消しゴム
アン　スティロ un stylo　1本のペン	ユヌ　レーグル une règle　1本の定規
アン　ヴェロ un vélo　1台の自転車	ユヌ　モト une moto　1台のオートバイ
アンナヴィヨン un avion　1機の飛行機	ユヌ　ヴォワテュール une voiture　1台の自動車

注：リエゾンで読みます。

注：はさみ、メガネ、靴、手袋、など左右で対になるものは複数扱いになります。

[指示形容詞] 🎧064

　指示形容詞も冠詞と同じように名詞の前に置かれ、「この」「あの」「その」というように指し示すときに用います。後続の名詞の性・数に応じて使い分けます。

男性単数	女性単数	複数
ス　セットゥ ce (cet)	セットゥ cette	セ ces

注：( ) 内は母音あるいは無音のhで始まる男性単数名詞の前に置く場合です。

ス　ガルソン
ce garçon　この少年　　セットム
cet homme　この男の人

セ　ガルソン
ces garçons　これらの少年たち

セットゥ　フィーユ
cette fille　この少女　　セ　フィーユ
ces filles　これらの少女

65

[所有形容詞] 🎧 065

　所有形容詞も冠詞と同じように名詞の前に置かれます。「所有する人」ではなく「所有される名詞」の性・数に応じて使い分けます。

	男性単数	女性単数	複数
私の	モン mon	マ ma (mon)	メ mes
君の	トン ton	タ ta (ton)	テ tes
彼の / 彼女の	ソン son	サ sa (son)	セ ses
私たちの	ノトル notre		ノ nos
あなた（たち）の	ヴォトル votre		ヴォ vos
彼らの / 彼女たちの	ルル leur		ルル leurs

注：（ ）内は母音あるいは無音の h で始まる女性単数名詞の前に置く場合。

モン　　ペール
mon père 私の父

マ　　メール
ma mère 私の母

メ　　パラン
mes parents 私の両親

モンナヴィヨン
mon avion 私の飛行機

マ　エシャルプ　　　　モネシャルプ
~~ma écharpe~~ ⇒ **mon écharpe** 私のマフラー

66

[形容詞] 🔊 066

　形容詞とは、関係する名詞の状態や性質などの情報を補足する修飾語のことです。2つの用法をもつフランス語の形容詞は、常に名詞の性・数に一致させなければなりません。冠詞と名詞の関係と同じですね。作業が増えたようで、思わずうなってしまうでしょうか。しかし、ちょっと見方を変えてみると、これこそがフランス語の醍醐味ともいえるのです。この少し面倒な作業を乗り越えさえすれば、フランス語学習の上達が一気に加速します。ジグソーパズルをやるようにフランス語の整合性を楽しみましょう。

　まずはおおまかな基本をつかむようにしましょう。

　形容詞の性・数一致のルールは、名詞の女性形の作り方と複数形の作り方のルールと同じです。ここでは、原則のみ説明します。その他の例外は別の機会に勉強しましょう。

男性単数形＝原形	女性単数形	男性複数形	女性複数形
形容詞の原形	原形＋e	原形＋s	原形＋es

注：原形の語尾が e の場合は男女同形。原形の語尾が s、x の場合は単・複同形。
注：男性名詞と女性名詞が混ざっている場合は男性複数とみなします。

　色の形容詞の vert（ヴェール）「緑色の」を例にとってみましょう。

男性単数形＝原形	女性単数形	男性複数形	女性複数形
ヴェール vert	ヴェルトゥ verte	ヴェール verts	ヴェルトゥ vertes

　では、2つの用法ごとにどのように性・数を一致させるのかを見てみましょう。

名詞とともに使う場合（付加的用法） 067

名詞とともに用いて、その名詞の性質や状態などを表します。原則として多くの形容詞は名詞の後ろに置かれます。形容詞は名詞の性・数に一致させます。

アン　パンタロン　ヴェール
un pantalon *vert* 1本の緑色のズボン
　　[男・単] ＝ [男・単]

ユヌ　ジュップ　ヴェルトゥ
une jupe *verte* 1枚の緑色のスカート
　　[女・単] ＝ [女・単]

デ　パンタロン　ヴェール
des pantalons *verts* 何本かの緑色のズボン
　　[男・複] ＝ [男・複]

デ　ジュップ　ヴェルトゥ
des jupes *vertes* 何枚かの緑色のスカート
　　[女・複] ＝ [女・複]

注：vert(e) は、名詞の後ろに置く形容詞です。

ただし、次のような日常よく使う形容詞は名詞の前に置かれます。

プティ（ットゥ） **petit(e)** 小さい	グラン（ドゥ） **grand(e)** 大きい
ジョリ **joli(e)** きれいな	ボン（ヌ） **bon(ne)** よい
モヴェ　（ズ） **mauvais(e)** 悪い	ジュンヌ **jeune** 若い
ヴィユー　ヴィエイユ **vieux (vieille)** 年老いた	ボ　ベル **beau (belle)** 美しい
ヌヴォ　ヌベル **nouveau (nouvelle)** 新しい	グロ　（ス） **gros (se)** 太った

注：( ) 内は女性形の場合

名詞の前に置く形容詞の petit(e) と名詞の組み合わせもお見せします。
プティ(ットゥ)

アン　プティ　サック
un *petit* sac　1つの小さなバッグ

ユヌ　プティットゥ　ヴァリーズ
une *petite* valise　1つの小さなスーツケース

ドゥ　　　　　プティ　サック
de (~~des~~) *petits* sacs　いくつかの小さなバッグ

ドゥ　　　　　プティットゥ　ヴァリーズ
de (~~des~~) *petites* valises　いくつかの小さなスーツケース

注：形容詞が名詞の前に置かれた場合、不定冠詞の des は de(d') になります。
　　　　　　　　　　　　　　　　　　　　　　　　　　　　　　デ　　ドゥ

動詞 être とともに使う場合（属詞的用法） 🎵 068
エートル

エートル
être は、「〜である」という意味で、英語の be 動詞に相当します。意味においても性・数一致に関しても、主語＝形容詞となります。そして、主語の状態や性質などを表します。形容詞は、主語の性・数に一致させます。

　　　　　　エートル　　　　　　　　　　　　　　　ス　　　パンタロン　　　エ　　ヴェール
[主語]　être　[形容詞]　　Ce pantalon est *vert.*

[男・単]　＝　[男・単]　　　　　[男・単]　　　　　　＝　[男・単]

このズボンは緑色です。

　　　　　　エートル　　　　　　　　　　　　　　　セットゥ　ジュップ　エ　ヴェルトゥ
[主語]　être　[形容詞]　　Cette jupe est *verte.*

[女・単]　＝　[女・単]　　　　　[女・単]　　　　　　＝　[女・単]

このスカートは緑色です。

　　　　　　エートル　　　　　　　　　　　　　　　セ　　パンタロン　　ソン　ヴェール
[主語]　être　[形容詞]　　Ces pantalons sont *verts.*

[男・複]　＝　[男・複]　　　　　[男・複]　　　　　　＝　[男・複]

これらのズボンは緑色です。

主語	être	形容詞	Ces jupe**s**	sont	*vertes*.
エートル			セ ジュップ	ソン	ヴェルトゥ
[女・複]	=	[女・複]	[女・複]	=	[女・複]

これらのスカートは緑色です。

文の作り方

　単語1つでもおしゃべりをすることはできますが、やはり短くてもフレーズで話せる方がいいですよね。そのために、ここでフランス語の文の作り方をさらっと知っておきましょう。フレーズをまるごと暗記してしまうのも1つの方法ですが、文の構造が少しでもわかっていると、単語を入れ替えたり、否定文にしたり、疑問文にしたりというように自由自在におしゃべりのバリエーションが広がります。

文の構成要素

　構成要素とは、主語、動詞、属詞、目的語、前置詞、副詞などのことです。

　主語 とは文の行為や状態の主体を表します。そして動詞の形は主語によって決まります。

　動詞 とは、主語の行為や状態を示すもので、文全体の中心となるとても大切な要素です。フランス語では、動詞の形は主語によって決まります。

　属詞 とは、簡単にいってしまうと、主語とイコールになるもののことをさします。主語の性質や特性を表します。属詞になりうるのは、形容詞、名詞、代名詞です。本書では、国籍や職業そして形容詞を属詞として取り上げました。主語と次にくるものをイコールで結ぶêtre（エートル）の後ろは属詞と考えていいでしょう。英語の補語に相当します。

　目的語 とは、動詞の動作や行為がおよぶ対象（人やもの）のことをいいます。日本語の「〜を」や「〜に」に相当し、動詞に補足の意味を与えてその文を完全にするための要素です。

[前置詞]とは、名詞や代名詞などの前に置いて、その語の他の語に対する関係を示す要素です。

　[副詞]とは、動詞や形容詞の補足をする要素です。程度や強弱そして様態を修飾します。その位置は、動詞＋副詞、副詞＋形容詞、副詞（補足）＋副詞（主たるもの）、副詞（文全体の補足）＋文です。

　文の作り方つまり語順の具体的な解説に移る前に、特に重要な構成要素である主語人称代名詞と動詞の紹介をします。

[主語人称代名詞]　069

　文を作るためにもっとも大切な要素である主語は、文の行為や状態の主体を表します。そして動詞の形は主語によって決まります。ですから、日本語のように主語を省くことはできません。p.32 でも紹介していますが、ここでしっかり主語代名詞を覚えましょう。いくつか注意点があります。

私は	ジュ je (j')	私たちは	ヌ nous
君は	テュ tu	あなた（たち）は	ヴ vous
彼は、それは	イル il	彼らは、それらは	イル ils
彼女は、それは	エル elle	彼女たちは、それらは	エル elles

・ジュ je は、後ろに母音あるいは無音の h で始まる語が続くときには j' とエリズィヨンします。
・テュ tu は、一人の聞き手（相手）が親しい間柄の場合に用い、ヴ vous は丁寧な言い方になります。
・イル エル イル エル il, elle, ils, elles は、ものを表す名詞も受けます。男性名詞と女性名詞が混ざっている場合は男性複数とみなして イル ils となります。

71

Il　est　japonais.　　　彼は日本人です。
　　イレ　　ジャポネ
　[主語][動詞][国籍＝属詞]　　注：est の原形は être「～です」です。
　　　　　　　　　　　　　　注：このように国籍を表す場合、国籍
　　　　　　　　　　　　　　　の名詞は小文字ではじめます。

　　Vous　êtes　français ?　　あなたはフランス人ですか？
　　ヴゼットゥ　　フランセ
　[主語][動詞][国籍＝属詞]　　注：êtes の原形は être「～です」です。

[人称代名詞強勢形] 🔊070

　p.33 でも紹介しました強勢形は、主語の強調の場合、前置詞のあとの場合、C'est/Ce sont のあとの場合、命令文の動詞のあとの場合などに用います。

私	moi (モワ)	私たち	nous (ヌ)
君	toi (トワ)	あなた（たち）	vous (ヴ)
彼	lui (リュイ)	彼ら	eux (ウー)
彼女	elle (エル)	彼女たち	elles (エル)

　Ce　sac　est　à　toi (tu) ?　このバッグは君のものですか？
　ス　サック　エタ　トワ
　[主語][動詞][前置詞][強勢形]　　注：Ce「この」は指示形容詞です。

　Qui　est-ce ? 誰ですか？ —— C'est　moi (je). 私です。
　キ　エス　　　　　　　　　　　セ　モワ
　[疑問詞][動詞][主語]　　　　　[ce + est][強勢形＝属詞]

注：est の原形は être「～です」です。est が母音ではじまるので Ce は C' とエリズィヨンします。

72

[指示代名詞] 🎧071

いずれも「これ」「それ」という意味です。

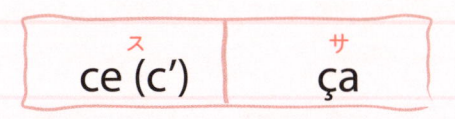

| ce (c') ス | ça サ |

ce(c')　　　 être(est/sont)
　ス　　　は、　エートル　エ　ソン　とともに用いて提示表現の主語となります。

C'est la tour Eiffel.　これはエッフェル塔です。
セ　ラ　トゥーレッフェル
[ce + est]　[属詞（固有名詞）]

注：est の原形は être 「〜です」です。est が母音ではじまるので Ce は C' とエリズィ
　　ヨンします。

ça は主語としても目的語としても使われます。また、前置詞とともに用いることもあります。ça が主語の場合、後続の動詞は il「彼は」と同じ活用形になります。

Ça va bien ?　　元気ですか？
サ　ヴァ　ビヤン
[主語][動詞][副詞]　　注：va の原形は aller「行く」です。

J'aime ça.　　私はそれが好きです。
ジェム　サ
[主語][動詞][目的語]

注：aime の原形は aimer「好きです」です。aime が母音ではじまるので Je は J' とエ
　　リズィヨンします。

[不定代名詞] 🎧072

不定代名詞の on は主語として用いられます。後続の動詞は il「彼は」と同じ活用形になります。on はとても便利な主語で nous「私たち」の代わりに使って、勧誘を表したりします。

73

オン　ヴァ　オ　カフェ
On va au café ?　　カフェに行きましょうか？
主語　動詞　前置詞　場所
　　　　　　　　　　　注：va の原形は aller「行く」です。
　　　　　　　　　　　　　　ヴァ　　　　　　アレ

　フランス語学習の第1のハードルは名詞の性の区別です。2番目は動詞の活用形の変化が多いことです。英語は時代の流れにそって動詞の活用形をほとんど失いました。今の英語の不規則動詞はラテン語のなごりと考えられます。フランス語の動詞の活用形も英語の不規則動詞と同じように勉強しましょう。主語に合わせた語尾変化の基本ルールがあるので、それを覚えればカンタンです。

[動詞] 　073

　フランス語では動詞の形は主語によって決まります。そのため動詞の活用表は必ず主語代名詞とともに示されます。よく使われる4つの動詞を紹介します。

エートル **être** である、いる		アヴォワール **avoir** 持つ	
ジュ スュイ **je suis** 私は〜です	ヌ ソム **nous sommes** 私たちは〜です	ジェ **j'ai** 私は〜を持つ	ヌザヴォン **nous avons** 私たちは〜を持つ
テュ エ **tu es** 君は〜です	ヴゼットゥ **vous êtes** あなた(たち)は〜です	テュ ア **tu as** 君は〜を持つ	ヴザヴェ **vous avez** あなた(たち)は〜を持つ
イレ **il est** 彼は〜です	イル ソン **ils sont** 彼らは〜です	イラ **il a** 彼は〜を持つ	イルゾン **ils ont** 彼らは〜を持つ
エレ **elle est** 彼女は〜です	エル ソン **elles sont** 彼女たちは〜です	エラ **elle a** 彼女は〜を持つ	エルゾン **elles ont** 彼女たちは〜を持つ

注：je は後続の ai が母音ではじまるので j' とエリズィヨンします。
　　ジュ　　　　　エ

aimer 好きです 〔エメ〕		aller 行く 〔アレ〕	
j'aime 〔ジェム〕 私は〜が好きです	nous aimons 〔ヌゼモン〕 私たちは〜が好きです	je vais 〔ジュ ヴェ〕 私は行く	nous allons 〔ヌザロン〕 私たちは行く
tu aimes 〔テュ エム〕 君は〜が好きです	vous aimez 〔ヴゼメ〕 あなた（たち）は 〜が好きです	tu vas 〔テュ ヴァ〕 君は行く	vous allez 〔ヴザレ〕 あなた（たち）は行く
il aime 〔イレム〕 彼は〜が好きです	ils aiment 〔イルゼム〕 彼らは〜が好きです	il va 〔イル ヴァ〕 彼は行く	ils vont 〔イル ヴォン〕 彼らは行く
elle aime 〔エレム〕 彼女は〜が好きです	elles aiment 〔エルゼム〕 彼女たちは〜が 好きです	elle va 〔エル ヴァ〕 彼女は行く	elles vont 〔エル ヴォン〕 彼女たちは行く

注：aimer〔エメ〕は、第1群規則動詞です（p.83-p.84 参照）。
注：je〔ジュ〕は後続の ai〔エ〕が母音ではじまるので j' とエリズィヨンします。

　ここで、原形の語尾が er で終わり、主語に合せて語尾が規則的に変化する第1群規則動詞の活用語尾の一覧表をお見せします。主語と語尾変化の関係を覚えましょう。フランス語の動詞の 90% が同じ語尾変化ですから、これさえ押さえてしまえば、ほとんどの動詞が使えることになりますよね。

je 〔ジュ〕	―e ［―］	nous 〔ヌ〕	―ons ［オン］
tu 〔テュ〕	―es ［―］	vous 〔ヴ〕	―ez ［エ］
il 〔イル〕	―e ［―］	ils 〔イル〕	―ent ［―］
elle 〔エル〕	―e ［―］	elles 〔エル〕	―ent ［―］

文の語順 🎵 075

1. 主語―動詞

<u>Je</u> <u>mange</u>.　　　　私は食べます。
ジュ　マンジュ
[主語] [動詞]　　　　　　注：mange の原形は manger「食べる」です。
　　　　　　　　　　　　　　　　　マンジェ

2. 主語―動詞―属詞

<u>Il</u> <u>est</u> <u>japonais</u>.　　彼は日本人です。
イレ　　ジャポネ
[主語] [動詞] [属詞（国籍）]　注：est の原形は être「〜です」です。
　　　　　　　　　　　　　　　　　エ　　　　エートル

3. 主語―動詞―目的語

<u>J'aime</u> <u>ça</u>.　　　　私はそれが好きです。
ジェム　サ
[主語] [動詞] [目的語]

注：aime の原形は aimer「好きです」です。aime が母音ではじまるので Je は J' とエリズィヨンします。
　　エム　　　　　　エメ　　　　　　　　　　　　　　エム　　　　　　　　　　　　　　ジュ

4. 主語―動詞―前置詞―名詞

<u>On</u> <u>va</u> <u>au</u> <u>café</u> ?　カフェに行きましょうか？
オン　ヴァ　オ　カフェ
[主語] [動詞] [前置詞] [名詞（場所）]　注：va の原形は aller「行く」です。
　　　　　　　　　　　　　　　　　　　　　　　　ヴァ　　　　　アレ

5. 主語―動詞―副詞―目的語

<u>J'aime</u> <u>beaucoup</u> <u>ça</u>.　私はそれが大好きです。
ジェム　ボク　サ
[主語] [動詞] [副詞] [目的語]

注：aime の原形は aimer「好きです」です。aime が母音ではじまるので Je は J' とエリズィヨンします。
　　エム　　　　　　エメ　　　　　　　　　　　　　　エム　　　　　　　　　　　　　　ジュ

6. 否定文の語順

文中の動詞を ne(n') と pas ではさみます。
　　　　　　　　ヌ　　　　　パ

注：ne は、後ろに母音あるいは無音の h で始まる語が続くときには n' とエリズィヨンします。
　　ヌ

主語─ne(n')─動詞─pas.
　　　　ヌ　　　　　　　　パ

ジュ　ヌ　　マンジュ　　パ　　　マントナン
Je ne mange pas maintenant.　私は今は食べません。
[主語]　[動詞]　　　　　　[副詞]

注：mange の原形は manger「食べる」です。
　　マンジュ　　　　　　マンジェ

ジュ　ネ　　パ　　ドゥ　　　モネ
Je n'ai pas de monnaie.　私は小銭を持っていません。
[主語][動詞]　[冠詞]　[目的語]

注：否定文中でゼロを表す場合（持っていないなど）には否定の冠詞の de (d') を用います。
　　　　　　　　　　　　　　　　　　　　　　　　　　　　　　　　　ドゥ
　　de は、後ろに母音あるいは無音の h で始まる語が続くときは d' とエリズィヨンします。
　　ドゥ

注：ai の原形は avoir「持つ」です。ai が母音ではじまるので ne は n' とエリズィヨン
　　エ　　　　　アヴォワール　　　　　　　エ　　　　　　　　　　　　　ヌ
　　します。

7. 疑問文の作り方　🔊 076

疑問文の作り方は 3 通りあります。まず、もとになる平叙文の例文を見てください。そのあとに 3 つの例を挙げます。

ヴゼメ　　　ル　ヴァン
Vous aimez le vin.　あなたはワインが好きです。
[主語]　[動詞]　[目的語]　　注：aimez の原形は aimer「好きです」です。
　　　　　　　　　　　　　　　　　エメ　　　　　　　　エメ

(1) 平叙文のまま文末のイントネーションをあげます。

ヴゼメ　　　ル　ヴァン
Vous aimez le vin ?　ワインはお好きですか？
[主語]　[動詞]　[目的語]↗　注：会話では、これで十分です。

77

(2) 平叙文の文頭に Est-ce que (qu') をつけます。

Est-ce que vous aimez le vin ?　ワインはお好きですか？
（エスク）　（ヴゼメ）　（ル ヴァン）
　　　　　　主語　　動詞　　目的語

注：Est-ce que は、後ろに母音あるいは無音の h で始まる語が続くときには Est-ce qu' とエリズィヨンします。

(3) 主語と動詞を倒置します。

Aimez-vous le vin ?　ワインはお好きですか？
（エメ）　（ヴ）　（ル ヴァン）
　動詞　　主語　　目的語　　注：倒置した動詞と主語は [-] でつなぎます。

8. 応答文の作り方 🔊077

疑問文に応答するときの「はい」と「いいえ」は、oui、si、non を使い分けます。
（ウィ、スィ、ノン）

(1) 肯定疑問文に対しては oui と non を使います。
（ウィ）　（ノン）

Vous aimez le vin ?　ワインはお好きですか？
（ヴゼメ）　（ル ヴァン）
　主語　　動詞　　目的語

⇒ Oui, j'aime le vin.　はい、好きです。
（ウィ）（ジェム）（ル ヴァン）
　主語　動詞　　目的語

⇒ Non, je n'aime pas le vin.　いいえ、好きではありません。
（ノン）（ジュ）（ネム）（パ）（ル ヴァン）
　　　主語　動詞　　　目的語

注：aime の原形は aimer「好きです」です。aime が母音ではじまるので je は j' とエリズィヨンして、ne も n' とエリズィヨンします。
（エム）　（エメ）　　　　　　　　　（エム）　　　　　　　　　　（ジュ）
　　　　　　　　　　　　　　　　　　　　　　　　　　　　　　　（ヌ）

78

(2) 否定疑問文に対しては si と non を使います。
　　　　　　　　　　　　　　スィ　　ノン

ヴ　　　ネメ　　　パ　ル　ヴァン
Vous n'aimez pas le vin ?　　ワインはお好きではありませんか？
 主語 　　 動詞 　　　　 目的語

　　スィ　ジェム　ル ヴァン
⇒ Si, j'aime le vin.　　いいえ、好きです。
　 主語 動詞　 目的語

　　ノン　ジュ　ネム　　パ　ル　ヴァン
⇒ Non, je n'aime pas le vin.　　はい、好きではありません。
　 主語　 動詞 　　　　　 目的語

　　基本文法といいながら、このように解説が続くと肩がこりますね。少々難しい印象を持たれたかもしれませんが、逆に、これだけのページで、フランス語のしくみのだいたいが把握できたのですから、ラッキーと考えてください。そうです、おしゃべりフランス語なのですから、リラックスしていきましょう。名詞の性の区別や冠詞の使い分けがおぼろげでも、動詞の形が正確ではなくてもかまいません。さぁ、次に進みましょう。今もっとも大切なことは、フランス語に慣れることです。どんどん声に出してフランス語を発話しましょう。頭のなかで言いたいこと、聞きたいことをイメージしておしゃべりしましょう。そのようにフランス語に体当たりしていけば、自然に文法のことも気になりはじめます。そこで、この基本文法のページに戻ってきてください。進んでは戻って、また進んでは戻るの繰り返しで習得していきましょう。そのために該当ページを必ず表示しますので、安心して前進しましょう。On avance !「前進！」
　　　　　　　　　　　　　　　　　　　　　　オンナヴァンス

ファッション

指示形容詞 ce、cet、cette、ces 「この」「これらの」とともに

男性名詞		女性名詞	
ス　マントー ce manteau	このコート	セットゥ　ロブ cette robe	このワンピース
ス　ブルゾン ce blouson	このブルゾン	セットゥ　ヴェストゥ cette veste	このジャケット
ス　ジレ ce gilet	このベスト	セットゥ　クラヴァットゥ cette cravate	このネクタイ
ス　パンタロン ce pantalon	このズボン	セットゥ　ジュップ cette jupe	このスカート
ス　ブラスレ ce bracelet	このブレスレット	セットゥ　モントル cette montre	この腕時計
ス　パラプリュィ ce parapluie	このカサ	セットゥ　バーグ cette bague	この指輪
セッタンペルメアーブル cet imperméable　このレインコート 注：アンシェヌマンで読みます。		セッテシャルプ cette écharpe　このマフラー 注：アンシェヌマンで読みます。	
ス　サック ce sac	このバッグ	セ　ショスュール ces chaussures	この靴

注：靴など左右で対になるものは複数扱いになります。

超カンタン
おしゃべり基本表現

よく使われる便利な 10 の動詞を中心に、おしゃべりをどんどん発展させましょう。

おしゃべりのための動詞の紹介
超 基本動詞 🔊 079

　「超カンタンおしゃべり基本文法」でも動詞をお見せしましたが、基本フレーズをより自分のものにするために、よく使われる便利な 10 の動詞をあらためて紹介します。あえて重複するものもありますが、それだけ重要な動詞ということです。ここでは、細かい説明は省いて活用形の一覧表のみにします。おしゃべりに必要な je「私は」(ジュ) と vous「あなたは」(ヴ) に注目してください。そして、次にそれらの動詞を使っておしゃべりをはじめましょう。

　注：動詞の形は主語によって決まるため、活用表は主語代名詞とともに示されます。

[être (エートル)「〜である / いる」] 英語の be 動詞と同じ用法の動詞です。

je suis (ジュ スュイ) 私は〜です	nous sommes (ヌ ソム) 私たちは〜です
tu es (テュ エ) 君は〜です	vous êtes (ヴゼットゥ) あなた(たち)は〜です
il est (イレ) 彼は〜です	ils sont (イル ソン) 彼らは〜です
elle est (エレ) 彼女は〜です	elles sont (エル ソン) 彼女たちは〜です

注：il と est、elle と est はそれぞれアンシェヌマンで il est (イレ)、elle est (エレ) とつなげて発音します。
注：vous と êtes はリエゾンして vous êtes (ヴゼットゥ) と発音します。

[avoir「持つ」] 英語の have 動詞と同じ用法の動詞です。
アヴォワール

ジェ j'ai 私は〜を持つ	ヌザヴォン nous avons 私たちは〜を持つ
テュ ア tu as 君は〜を持つ	ヴザヴェ vous avez あなた（たち）は〜を持つ
イラ il a 彼は〜を持つ	イルゾン ils ont 彼らは〜を持つ
エラ elle a 彼女は〜を持つ	エルゾン elles ont 彼女たちは〜を持つ

注：je は後続の ai が母音ではじまるので j' とエリズィヨンします。
　　　ジュ　　　エ
注：il と a、elle と a は、それぞれアンシェヌマンで il a、elle a とつなげて発音します。
　　イル ア　エル ア　　　　　　　　　　　　　　　　イラ　エラ
注：nous と avons、vous と avez、ils と ont、elles と ont は、それぞれリエゾンして
　　ヌ　アヴォン　ヴ　アヴェ　イル　オン　エル　オン
　　nous avons、vous avez、ils ont、elles ont と発音します。
　　ヌザヴォン　ヴザヴェ　イルゾン　エルゾン

[parler「話す」] 第1群規則動詞です。
パルレ

ジュ　パルル je parle 私は話す	ヌ　　パルロン nous parlons 私たちは話す
テュ　パルル tu parles 君は話す	ヴ　　パルレ vous parlez あなた（たち）は話す
イル　パルル il parle 彼は話す	イル　パルル ils parlent 彼らは話す
エル　パルル elle parle 彼女は話す	エル　パルル elles parlent 彼女たちは話す

[aimer「好きです」] 第1群規則動詞です。

ジェム j'aim**e** 私は〜が好きです	ヌゼモン nous aim**ons** 私たちは〜が好きです
テュ エム tu aim**es** 君は〜が好きです	ヴゼメ vous aim**ez** あなた(たち)は〜が好きです
イレム il aim**e** 彼は〜が好きです	イルゼム ils aim**ent** 彼らは〜が好きです
エレム elle aim**e** 彼女は〜が好きです	エルゼム elles aim**ent** 彼女たちは〜が好きです

注：ジュ je は後続の aim**e** エム が母音ではじまるので j' とエリズィヨンします。
注：il と aime、elle と aime は、それぞれアンシェヌマンで il aime、elle aime とつなげて発音します。
注：nous と aimons、vous と aimez、ils と aiment、elles と aiment は、それぞれリエゾンして nous aimons、vous aimez、ils aiment、elles aiment と発音します。

[manger「食べる」] 第1群規則動詞です。

ジュ マンジュ je mang**e** 私は食べる	ヌ マンジョン nous mang**eons** 私たちは食べる
テュ マンジュ tu mang**es** 君は食べる	ヴ マンジェ vous mang**ez** あなた(たち)は食べる
イル マンジュ il mang**e** 彼は食べる	イル マンジュ ils mang**ent** 彼らは食べる
エル マンジュ elle mang**e** 彼女は食べる	エル マンジュ elles mang**ent** 彼女たちは食べる

注：発音の都合上 manger は nous の語尾活用の ons の前に e が入ります。

[aller（アレ）「行く」] よく使われる不規則動詞です。

je vais（ジュ ヴェ） 私は行く	nous allons（ヌザロン） 私たちは行く
tu vas（テュ ヴァ） 君は行く	vous allez（ヴザレ） あなた（たち）は行く
il va（イル ヴァ） 彼は行く	ils vont（イル ヴォン） 彼らは行く
elle va（エル ヴァ） 彼女は行く	elles vont（エル ヴォン） 彼女たちは行く

注：nous と allons、vous と allez は、それぞれリエゾンして nous allons（ヌザロン）、vous allez（ヴザレ）と発音します。

[prendre（プランドル）「とる、買う、乗る、食べる、飲む」] よく使われる便利な不規則動詞です。

je prends（ジュ プラン） 私は〜をとる	nous prenons（ヌ プルノン） 私たちは〜をとる
tu prends（テュ プラン） 君は〜をとる	vous prenez（ヴ プルネ） あなた（たち）は〜をとる
il prend（イル プラン） 彼は〜をとる	ils prennent（イル プレンヌ） 彼らは〜をとる
elle prend（エル プラン） 彼女は〜をとる	elles prennent（エル プレンヌ） 彼女たちは〜をとる

🔊 083

[faire（フェール）「作る、する」] 英語の make と do に相当します。

je fais（ジュ フェ） 私は〜を作る	nous faisons（ヌ フゾン） 私たちは〜を作る
tu fais（テュ フェ） 君は〜を作る	vous faites（ヴ フェットゥ） あなた（たち）は〜を作る
il fait（イル フェ） 彼は〜を作る	ils font（イル フォン） 彼らは〜を作る
elle fait（エル フェ） 彼女は〜を作る	elles font（エル フォン） 彼女たちは〜を作る

[vouloir（ヴロワール）「欲しい」] 英語の want に相当します。

je veux（ジュ ヴ） 私は〜が欲しい	nous voulons（ヌ ヴロン） 私たちは〜が欲しい
tu veux（テュ ヴ） 君は〜が欲しい	vous voulez（ヴ ヴレ） あなた（たち）は〜が欲しい
il veut（イル ヴ） 彼は〜が欲しい	ils veulent（イル ヴール） 彼らは〜が欲しい
elle veut（エル ヴ） 彼女は〜が欲しい	elles veulent（エル ヴール） 彼女たちは〜が欲しい

🎧 084

[**pouvoir** 「できる」] 英語の can に相当します。

プヴォワール	
ジュ プ **je peux** 私は〜できる	ヌ プヴォン **nous pouvons** 私たちは〜できる
テュ プ **tu peux** 君は〜できる	ヴ プヴェ **vous pouvez** あなた(たち)は〜できる
イル プ **il peut** 彼は〜できる	イル プーヴ **ils peuvent** 彼らは〜できる
エル プ **elle peut** 彼女は〜できる	エル プーヴ **elles peuvent** 彼女たちは〜できる

1 あなたは日本人ですか？
Vous êtes/être の構文
ヴゼットゥ　エートル

私は日本人です。
Je suis/être の構文
ジュ　スュイ　エートル

あなたは～ですか？　　私は～です。

085

超 基本文型

❾ 主語 ＋ **êtes**(エットゥ) ＋ 国籍

❾ 主語 ＋ **suis**(スュイ) ＋ 国籍

ポイントは

Vous êtes(ヴゼットゥ)　　**Je suis**(ジュ スュイ)

être(エートル) は A＝B という関係を表し、「A は B です」という意味になります。相手のこと、自分のことを話すので主語の A は Vous「あなたは」と Je「私は」で、それに合せて être(エートル) は êtes(エットゥ) と suis(スュイ) という活用形になります。B の属詞部分に国籍を表す名詞を当てはめて国籍を言いましょう。このように国籍を表す場合は冠詞は省き、小文字ではじめます。

注：国籍は男性形・女性形の両方の形があります。主語に合わせて使い分けます。(p.59 参照)

超 カンタン会話

あなた(男性)は日本人ですか？

Vous **êtes** japonais ?
ヴゼットゥ　　　　ジャポネ
あなたは　　です　　　日本人

注：vous と êtes はリエゾンして vous êtes と発音します。
　　　ヴ　　エットゥ　　　　　　　　　　ヴゼットゥ
注：疑問文は平叙文の最後に [?] をつけて、文末のイントネーションを上昇トーンで言います。(p.77 参照)

はい、私(男性)は日本人です。

Oui, je **suis** japonais.
ウィ　ジュ　スュイ　　　ジャポネ
はい　私は　です　　　　日本人

注：肯定の応答文なので、Oui, からはじまります。(p.78 参照)
　　　　　　　　　　　　　ウィ

あなた(女性)は日本人ですか？

Vous **êtes** japonais**e** ?
ヴゼットゥ　　　　ジャポネーズ
あなたは　　です　　　日本人

はい、私(女性)は日本人です。

Oui, je **suis** japonais**e**.
ウィ　ジュ　スュイ　　　ジャポネーズ
はい　私は　です　　　　日本人

89

超カンタンおしゃべりワイド 087

おしゃべりをちょっと発展させましょう。

です
→ エットゥ
êtes
動詞

です
→ スュイ
suis
動詞

あなたは〜です
→ ヴゼットゥ
Vous êtes
主語 動詞

私は〜です
→ ジュ スュイ
Je suis
主語 動詞

あなた(男性)はフランス人ですか？
→ ヴゼットゥ　フランセ
Vous êtes français ?
主語 動詞 国籍＝属詞

私(男性)はフランス人です。
→ ジュ スュイ　フランセ
Je suis français.
主語 動詞 国籍＝属詞

あなた(男性)はフランス人ですか？
→ ヴゼットゥ　フランセ
Vous êtes français ?
主語 動詞 国籍＝属詞

はい、私(男性)はフランス人です。
→ ウィ ジュ スュイ　フランセ
Oui, je suis français.
肯定の答え 主語 動詞 国籍＝属詞

超 カンタンしゃべって！きいて！こたえて！ 088

単語チェック [声に出してみましょう。]

① フランス人　　français(**e**)　　 フランセ（ーズ）

② 日本人　　japonais(**e**)　　ジャポネ（ーズ）

③ ドイツ人　　allemand(**e**)　　アルマン（ドゥ）

注：語尾の（e）は女性形を表します。

注：ここでは、国籍を表すケースなので国籍の名詞は小文字ではじめます。

文型チェック [聞いて、答えてみましょう。]

Questions　ケスティヨン

① Vous êtes française ?　ヴゼットゥ　フランセーズ
「あなた（女性）はフランス人ですか？」

② Vous êtes allemand ?　ヴゼットゥ　アルマン
「あなた（男性）はドイツ人ですか？」

③ Vous êtes allemande ?　ヴゼットゥ　アルマンドゥ
「あなた（女性）はドイツ人ですか？」

Oui, je suis française.　ウィ　ジュ スュイ　フランセーズ
「はい、私（女性）はフランス人です。」

Oui, je suis allemand.　ウィ　ジュ スュイ　アルマン
「はい、私（男性）はドイツ人です。」

Oui, je suis allemande.　ウィ　ジュ スュイ　アルマンドゥ
「はい、私（女性）はドイツ人です。」

Réponses　レポンス

① Vous êtes japonais ?　ヴゼットゥ　ジャポネ
「あなた（男性）は日本人ですか？」

② Vous êtes japonaise ?　ヴゼットゥ　ジャポネーズ
「あなた（女性）は日本人ですか？」

Oui, je suis japonais.　ウィ　ジュ スュイ　ジャポネ
「はい、私（男性）は日本人です。」

Oui, je suis japonaise.　ウィ　ジュ スュイ　ジャポネーズ
「はい、私（女性）は日本人です。」

2 あなたは会社員ですか？ 私は会社員です。

Vous êtes/être の構文
ジュ スュイ エートル
Je suis/être の構文

あなたは〜ですか？　私は〜です。

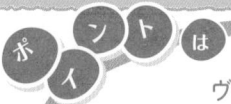

🎧 089

超 基本文型

- 主語 + **êtes**(エットゥ) + 職業
- 主語 + **suis**(スュイ) + 職業

ポイントは

Vous êtes(ヴゼットゥ)　　**Je suis**(ジュ スュイ)

être(エートル) は A ＝ B という関係を表し、「A は B です」という意味になります。相手のこと、自分のことを話すので主語の A は Vous「あなたは」と Je「私は」で、それに合せて être は êtes と suis という活用形になります。この課では、B の属詞部分に職業を表す名詞を当てはめて職業を言いましょう。このように職業を表す場合には、冠詞は省きます。

注：職業の名詞も男性形・女性形の両方をもつものがあります。
　　主語に合わせて使い分けます。(p.59 参照)

超 カンタン会話

あなた（男性）は会社員ですか？

Vous **êtes** employé ?
ヴゼットゥ　　アンプロワイエ
あなたは　です　　会社員

はい、私（男性）は会社員です。

Oui, je **suis** employé.
ウィ　ジュ　スュイ　アンプロワイエ
はい　私は　です　　会社員

あなた（女性）は会社員ですか？

Vous **êtes** employé**e** ?
ヴゼットゥ　　アンプロワイエ
あなたは　です　　会社員

はい、私（女性）は会社員です。

Oui, je **suis** employé**e**.
ウィ　ジュ　スュイ　アンプロワイエ
はい　私は　です　　会社員

超カンタンおしゃべりワイド 091

おしゃべりをちょっと発展させましょう。

です
→
エットゥ
êtes
動詞

です
→
スュイ
suis
動詞

あなたは〜です
→
ヴゼットゥ
Vous êtes
主語 動詞

私は〜です
→
ジュ スュイ
Je suis
主語 動詞

あなたは男子大学生ですか？
→
ヴゼットゥ　エテュディアン
Vous êtes étudiant ?
主語 動詞 職業＝属詞

私は男子大学生です。
→
ジュ スュイ　エテュディアン
Je suis étudiant.
主語 動詞 職業＝属詞

あなたは男子大学生ですか？
→
ヴゼットゥ　エテュディアン
Vous êtes étudiant ?
主語 動詞 職業＝属詞

はい、私は男子大学生です。
→
ウィ ジュ スュイ　エテュディアン
Oui, je suis étudiant.
肯定の答え 主語 動詞 職業＝属詞

超 カンタンしゃべって！きいて！こたえて！ 🎧092

単語チェック ［声に出してみましょう。］

① 大学生　　étudiant(e)
　　　　　　エテュディアン（トゥ）

② 会社員　　employé(e)
　　　　　　アンプロワイエ

注：語尾の (e) は女性形を表します。

注：語尾の (e) は女性形を表します。

③ 芸術家　　artiste
　　　　　　アルティストゥ

注：男・女同形です。

文型チェック ［聞いて、答えてみましょう。］

Questions
ケスティヨン

① Vous êtes étudiante ?
　ヴゼットゥ　エテュディアントゥ
　「あなたは女子大学生ですか？」

Oui, je suis étudiante.
ウィ　ジュ　スュイ　エテュディアントゥ
「はい、私は女子大学生です。」

② Vous êtes artiste ?
　ヴゼットゥ　アルティストゥ
　「あなたは芸術家ですか？」

Oui, je suis artiste.
ウィ　ジュ　スュイ　アルティストゥ
「はい、私は芸術家です。」

Réponses
レポンス

① Vous êtes employé ?
　ヴゼットゥ　アンプロワイエ
　「あなた（男性）は会社員ですか？」

Oui, je suis employé.
ウィ　ジュ　スュイ　アンプロワイエ
「はい、私（男性）は会社員です。」

② Vous êtes employée ?
　ヴゼットゥ　アンプロワイエ
　「あなた（女性）は会社員ですか？」

Oui, je suis employée.
ウィ　ジュ　スュイ　アンプロワイエ
「はい、私（女性）は会社員です。」

3 あなたは会社員ですか？
Vous êtes/être の構文
私は会社員ではありません。
Je ne suis pas/ 否定文

あなたは〜ですか？　私は〜ではありません。　🔊 093

超 基本文型

- 主語 + **êtes**（エットゥ）+ 属詞
- 主語 + **ne**（ヌ）+ **suis**（スュイ）+ **pas**（パ）+ 属詞

ポイントは

Vous êtes（ヴゼットゥ）　**Je ne suis pas**（ジュ ヌ スュイ パ）

être（エートル）は A ＝ B という関係を表しますが、「Aは Bではない」という否定の意味にする場合は、動詞の部分を ne と pas で挟みます。（p.77 参照）相手のこと、自分のことを話すので主語の A は Vous「あなたは」と Je「私は」で、それに合せて être は êtes と suis という活用形になります。この課では、応答文を否定で答えてみましょう。

超カンタン会話 094

あなた（男性）は会社員ですか？

ヴゼットゥ　　　アンプロワイエ
Vous **êtes** employé ?
あなたは　です　　　会社員

いいえ、私（男性）は会社員ではありません。

ノン　ジュ　ヌ　スュイ　パ　　アンプロワイエ
Non, je **ne suis pas** employé.
いいえ　私は　　です　　　　会社員
　　　　　　　　否定

注：否定の応答文なので、Non, からはじまります。

あなた（女性）は会社員ですか？

ヴゼットゥ　　　アンプロワイエ
Vous **êtes** employé**e** ?
あなたは　です　　　会社員

いいえ、私（女性）は大学生です。

ノン　ジュ　スュイ　エテュディアントゥ
Non, je **suis** étudiant**e**.
いいえ　私は　です　　大学生

注：応答文を否定の Non, ではじめて、属詞部分を入れ替えて肯定文で答えることもできます。

97

超 カンタンおしゃべりワイド　🔴095

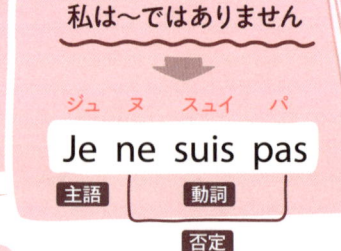

おしゃべりをちょっと発展させましょう。

です → エットゥ **êtes** [動詞]

です → スュイ **suis** [動詞]

あなたは〜です → ヴゼットゥ **Vous êtes** [主語][動詞]

私は〜ではありません → ジュ ヌ スュイ パ **Je ne suis pas** [主語][動詞][否定]

あなたはフランス人（男性）ですか？ → ヴゼットゥ フランセ **Vous êtes français ?** [主語][動詞][国籍＝属詞]

私はフランス人（男性）ではありません。 → ジュ ヌ スュイ パ フランセ **Je ne suis pas français.** [主語][動詞][国籍＝属詞][否定]

あなたはフランス人（男性）ですか？ → ヴゼットゥ フランセ **Vous êtes français ?** [主語][動詞][国籍＝属詞]

いいえ、私はフランス人（男性）ではありません。 → ノン ジュ ヌ スュイ パ フランセ **Non, je ne suis pas français.** [否定の答え][主語][動詞][国籍＝属詞][否定]

超 カンタンしゃべって！きいて！こたえて！ 🎵096

単語チェック ［声に出してみましょう。］

① フランス人　français(**e**)　フランセ（ーズ）

② 日本人　japonais(**e**)　ジャポネ（ーズ）

③ 中国人　chinois(**e**)　シノワ（ーズ）

注：語尾の（e）は女性形を表します。

注：ここでは、国籍を表すケースなので国籍の名詞は小文字ではじめます。

文型チェック ［聞いて、答えてみましょう。］

Questions（ケスティヨン）

① Vous êtes français**e** ?　ヴゼットゥ フランセーズ
「あなた（女性）はフランス人ですか？」

② Vous êtes japonais**e** ?　ヴゼットゥ ジャポネーズ
「あなた（女性）は日本人ですか？」

Non, je ne suis pas français**e**.　ノン ジュ ヌ スュイ パ フランセーズ
「いいえ、私（女性）はフランス人ではありません。」

Non, je ne suis pas japonais**e**.　ノン ジュ ヌ スュイ パ ジャポネーズ
「いいえ、私（女性）は日本人ではありません。」

Réponses（レポンス）

① Vous êtes chinois ?　ヴゼットゥ シノワ
「あなた（男性）は中国人ですか？」

Non, je ne suis pas chinois.　ノン ジュ ヌ スュイ パ シノワ
「いいえ、私（男性）は中国人ではありません。」

② Vous êtes chinois**e** ?　ヴゼットゥ シノワーズ
「あなた（女性）は中国人ですか？」

Non, je suis japonais**e**.　ノン ジュ スュイ ジャポネーズ
「いいえ、私（女性）は日本人です。」

注：応答文を否定の Non, ではじめて、属詞部分を入れ替えて肯定文で答えることもできます。

4

あなたは東京にいますか？
Vous êtes/être の構文
ヴゼットゥ　エートル

私は東京にいます。
Je suis/être の構文
ジュ　スュイ　エートル

あなたは〜にいますか？　　私は〜にいます。　　🔊 097

超 基本文型

- 主語 + **êtes**(エットゥ) + 前置詞 + 場所の名詞
- 主語 + **suis**(スュイ) + 前置詞 + 場所の名詞

ポイントは

Vous êtes à 〜
ヴゼットゥ　ア

Je suis à 〜
ジュ　スュイ　ア

être(エートル) は場所を表す前置詞とともに使って存在を表します。場所を表す前置詞はいろいろありますが、この課では、場所を表す前置詞 à(ア) を用いましょう。主語は Vous(ヴ)「あなたは」と Je(ジュ)「私は」で、それに合せて être(エートル) は êtes(エットゥ) と suis(スュイ) という活用形になります。相手のいる場所を聞いたり、自分のいる場所を伝えたりしましょう。

超カンタン会話 098

あなたは東京にいますか？

Vous **êtes à** Tokyo ?
ヴゼットゥ　　ア　　トキョ
あなたは　いる　～に　東京

はい、私は東京にいます。

Oui, je **suis à** Tokyo.
ウィ　ジュ　スュイ　ア　トキョ
はい　私は　いる　～に　東京

あなたはパリにいますか？

Vous **êtes à** Paris ?
ヴゼットゥ　　ア　　パリ
あなたは　いる　～に　パリ

はい、私はパリにいます。

Oui, je **suis à** Paris.
ウィ　ジュ　スュイ　ア　パリ
はい　私は　いる　～に　パリ

101

超 カンタンおしゃべりワイド 099

おしゃべりをちょっと発展させましょう。

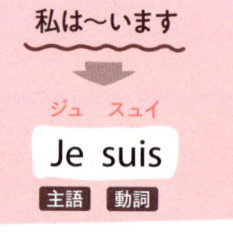

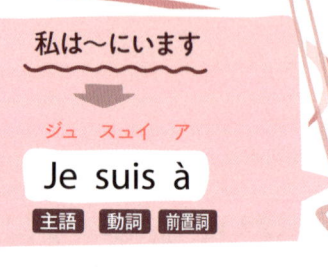

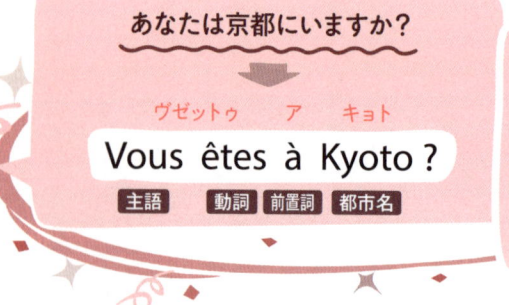

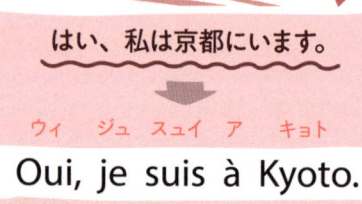

います
↓
エットゥ
êtes
動詞

います
↓
スュイ
suis
動詞

あなたは〜います
↓
ヴゼットゥ
Vous êtes
主語 動詞

私は〜います
↓
ジュ スュイ
Je suis
主語 動詞

あなたは〜にいます
↓
ヴゼットゥ ア
Vous êtes à
主語 動詞 前置詞

私は〜にいます
↓
ジュ スュイ ア
Je suis à
主語 動詞 前置詞

あなたは京都にいますか？
↓
ヴゼットゥ ア キョト
Vous êtes à Kyoto ?
主語 動詞 前置詞 都市名

はい、私は京都にいます。
↓
ウィ ジュ スュイ ア キョト
Oui, je suis à Kyoto.
肯定の答え 主語 動詞 前置詞 都市名

102

超 カンタンしゃべって！きいて！こたえて！ 🔊100

単語チェック [声に出してみましょう。]

① ベルサイユに　　à Versailles
　　　　　　　　　ア　ヴェルサイユ

② 銀行囡に　　à la banque
　　　　　　　ア　ラ　バンク
　注：女性名詞なので定冠詞のla を用います。

③ 家囡に　　à la maison
　　　　　　ア　ラ　メゾン
注：女性名詞なので定冠詞のla を用います。

文型チェック [聞いて、答えてみましょう。]

Questions
ケスティヨン

① **Vous êtes à Versailles ?**
ヴゼットゥ　ア　ヴェルサイユ
「あなたはベルサイユにいますか？」

Oui, je suis à Versailles.
ウィ　ジュスュイ　ア　ヴェルサイユ
「はい、私はベルサイユにいます。」

② **Vous êtes à la maison ?**
ヴゼットゥ　ア　ラ　メゾン
「あなたは家にいますか？」

Non, je ne suis pas à la maison.
ノン　ジュヌ　スュイ　パ　ア　ラ　メゾン
「いいえ、私は家にいません。」

Réponses
レポンス

① **Vous êtes à la banque ?**
ヴゼットゥ　ア　ラ　バンク
「あなたは銀行にいますか？」

Non, je ne suis pas à la banque.
ノン　ジュ ヌ スュイ パ ア ラ　バンク
「いいえ、私は銀行にいません。」

② **Vous êtes à la banque ?**
ヴゼットゥ　ア　ラ　バンク
「あなたは銀行にいますか？」

Non, je suis à la maison.
ノン　ジュ スュイ アラ　メゾン
「いいえ、私は家にいます。」

注：応答文を否定のNon, ではじめて、場所の名詞部分を入れ替えて肯定文で答えることもできます。

103

5

あなたは満足していますか？
Vous êtes/être の構文
ヴゼットゥ　エートル

私は満足しています。
Je suis/être の構文
ジュ　スュイ　エートル

あなたは〜していますか？　　私は〜しています。　🔊 101

超 基本文型

- 主語 ＋ **êtes**（エットゥ）＋ 形容詞
- 主語 ＋ **suis**（スュイ）＋ 形容詞

ポイントは

Vous êtes
ヴゼットゥ

Je suis
ジュ　スュイ

être は A ＝ B という関係を表し、「A は B です」という意味になります。この課では B の属詞部分に形容詞を当てはめて、相手のことや自分のことについて言いましょう。主語の A は Vous「あなたは」と Je「私は」で、それに合せて être は êtes と suis という活用形になります。形容詞は、主語の性・数に合わせるのでしたよね。(p.67-p.70 参照)

104

超カンタン会話

あなた(男性)は満足していますか？
（あなたはうれしいですか？）

Vous **êtes** content ?
ヴゼットゥ　　コンタン
あなたは　です　満足な

はい、私(男性)は満足しています。

Oui, je **suis** content.
ウィ　ジュ　スュイ　コンタン
はい　私は　です　満足な

あなた(女性)は満足していますか？

Vous **êtes** content**e** ?
ヴゼットゥ　　コンタントゥ
あなたは　です　満足な

はい、私(女性)は満足しています。

Oui, je **suis** content**e**.
ウィ　ジュ　スュイ　コンタントゥ
はい　私は　です　満足な

105

超 カンタンおしゃべりワイド 🎵103

おしゃべりをちょっと発展させましょう。

です
→
エットゥ
êtes
[動詞]

です
→
スュイ
suis
[動詞]

あなたは～です
→
ヴゼットゥ
Vous êtes
[主語] [動詞]

私は～です
→
ジュ スュイ
Je suis
[主語] [動詞]

あなたは疲れていますか？
→
ヴゼットゥ ファティゲ
Vous êtes fatigué ?
[主語] [動詞] [形容詞＝属詞]

私は疲れています。
→
ジュ スュイ ファティゲ
Je suis fatigué.
[主語] [動詞] [形容詞＝属詞]

あなたは疲れていますか？
→
ヴゼットゥ ファティゲ
Vous êtes fatigué ?
[主語] [動詞] [形容詞＝属詞]

はい、私は疲れています。
→
ウィ ジュ スュイ ファティゲ
Oui, je suis fatigué.
[肯定の答え] [主語] [動詞] [形容詞＝属詞]

注：vous「あなたは」が男性なので fatigué は男性形です。

超 カンタンしゃべって！きいて！こたえて！ 104

単語チェック [声に出してみましょう。]

① 疲れた　　**ファティゲ**
fatigu**é(e)**

② ひまな（自由な）　**リーブル**
libre

注：語尾の（e）は女性形を表します。

注：男・女同形です。

③ 悲しい　　**トリストゥ**
triste

注：男・女同形です。

文型チェック [聞いて、答えてみましょう。]

Questions（ケスティヨン）

① **ヴゼットゥ　ファティゲ**
Vous êtes fatigu**é**e ?
「あなた（女性）は疲れていますか？」

Oui, je suis fatigu**é**e.（ウィ　ジュスュイ　ファティゲ）
「はい、私（女性）は疲れています。」

② **ヴゼットゥ　リーブル**
Vous êtes libre ?
「あなたはおひまですか？」

Oui, je suis libre.（ウィ　ジュスュイ　リーブル）
「はい、私はひまです。」

Réponses（レポンス）

① **ヴゼットゥ　ファティゲ**
Vous êtes fatigu**é**e ?
「あなた（女性）は疲れていますか？」

Oui, je suis un peu fatigu**é**e.（ウィ　ジュスュイ　アン　プー　ファティゲ）
「はい、私（女性）は少し疲れています。」

注：**アン プー** un peu は「少し」という意味の副詞句です。

② **ヴゼットゥ　トリストゥ**
Vous êtes triste ?
「あなたは悲しいのですか？」

Non, je ne suis pas triste.（ノン　ジュ　ヌ　スュイ　パ　トリストゥ）
「いいえ、私は悲しくありません。」

6 あなたはカサを持っていますか？
Vous avez/avoir の構文

私はカサを持っています。
J'ai/avoir の構文

あなたは〜を持っていますか？　私は〜を持っています。　105

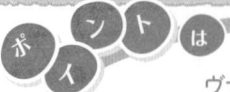

超 基本文型

♪ 主語 + **avez**(アヴェ) + 目的語

♪ 主語 + **ai**(エ) + 目的語

ポイントは

Vous avez(ヴザヴェ)　　**J'ai**(ジェ)

avoir は「主語 は 目的語 を持つ」ということを表します。目的語によって、「〜を持つ」以外に「〜がいる」「〜を飼う」「何歳である」などさまざまな用法があります。ここでは、相手の持ちもの、自分の持ちものについて話してみましょう。主語は Vous「あなたは」と Je「私は」でそれに合せて avoir は avez と ai という活用形になります。目的語に関しては p.70 を参照してください。

注：je は後続の ai が母音ではじまるので j' とエリズィヨンします。

超カンタン会話

あなたはカサを持っていますか？

Vous **avez** un parapluie ?
ヴザヴェ　　　　アン　　パラプリュイ
あなたは　持つ　1本　カサ

注：vous と avez はリエゾンして vous avez と発音します。
　　　ヴ　　アヴェ　　　　　　　　　　　ヴザヴェ

はい、私はカサを持っています。

Oui, j'**ai** un parapluie.
ウィ　ジェ　アン　　パラプリュイ
はい　私は持つ 1本　　カサ

あなたは消しゴムを持っていますか？

Vous **avez** une gomme ?
ヴザヴェ　　ユヌ　　ゴム
あなたは　持つ　1つ　消しゴム

いいえ、私は消しゴムを持っていません。

Non, je n'**ai** pas de gomme.
ノン　ジュ　ネ　パ　ドゥ　ゴム
いいえ 私は [持つ] ゼロ 消しゴム
　　　　　　否定

注：否定文中でゼロを表す場合（持っていないなど）には否定の冠詞の de を用います。（p.77 参照）
　　　　　　　　　　　　　　　　　　　　　　　　　　　　　　　　　　ドゥ
注：ai が母音ではじまるので ne は n' とエリズィヨンします。
　　エ

超カンタンおしゃべりワイド 🎧107

おしゃべりをちょっと発展させましょう。

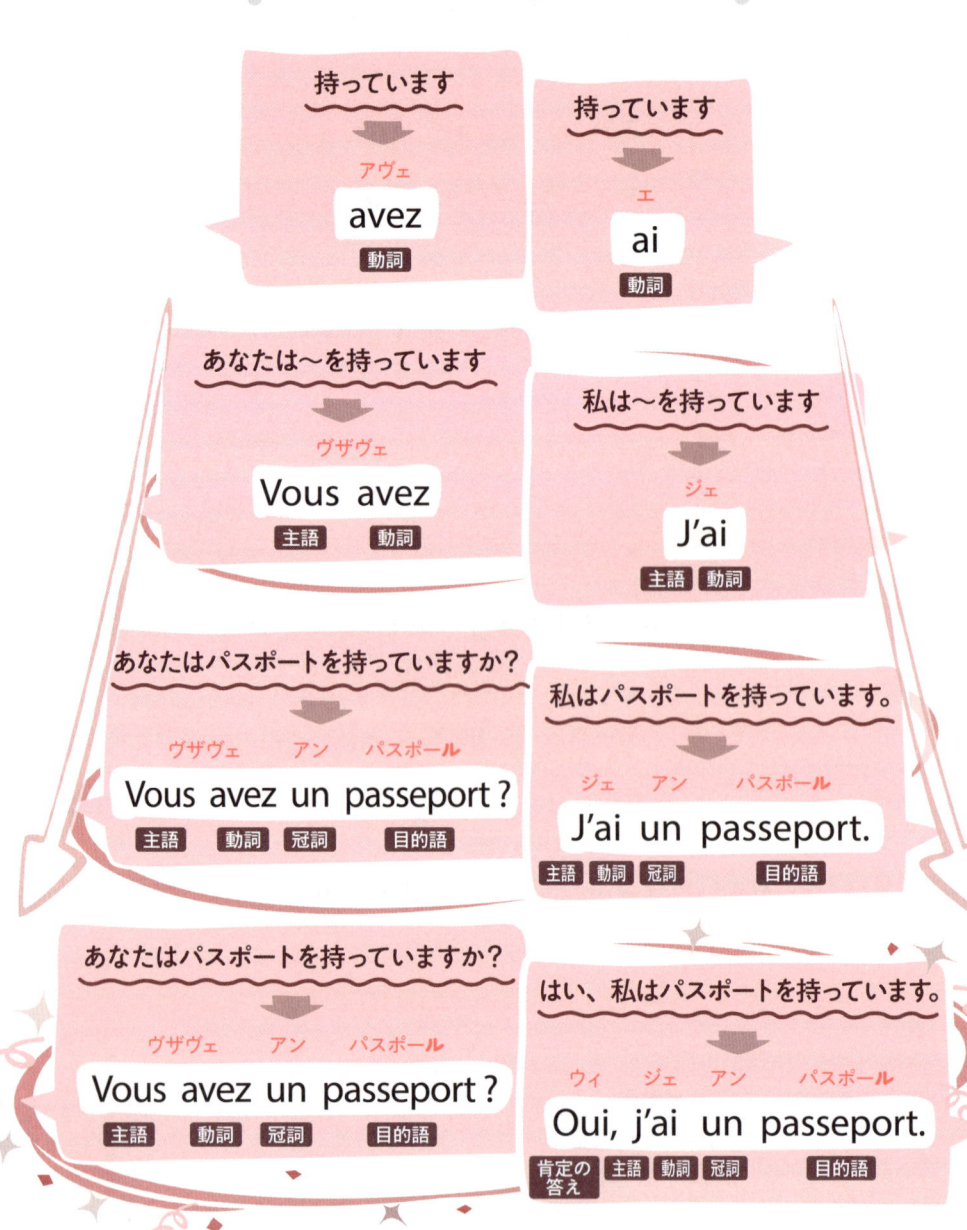

持っています
→ アヴェ
avez
[動詞]

持っています
→ エ
ai
[動詞]

あなたは〜を持っています
→ ヴザヴェ
Vous avez
[主語][動詞]

私は〜を持っています
→ ジェ
J'ai
[主語][動詞]

あなたはパスポートを持っていますか？
→ ヴザヴェ　アン　パスポール
Vous avez un passeport ?
[主語][動詞][冠詞][目的語]

私はパスポートを持っています。
→ ジェ　アン　パスポール
J'ai un passeport.
[主語][動詞][冠詞][目的語]

あなたはパスポートを持っていますか？
→ ヴザヴェ　アン　パスポール
Vous avez un passeport ?
[主語][動詞][冠詞][目的語]

はい、私はパスポートを持っています。
→ ウィ　ジェ　アン　パスポール
Oui, j'ai un passeport.
[肯定の答え][主語][動詞][冠詞][目的語]

ドゥ

110

超 カンタンしゃべって！きいて！こたえて！ 🎧108

単語チェック　[声に出してみましょう。]

① 1冊のパスポート 男　**un passeport**（アン パスポール）

② 1つのスーツケース 女　**une valise**（ユヌ ヴァリーズ）

③ いくらかの小銭 女　**de la monnaie**（ドゥラ モネ）

注：monnaie（モネ）「小銭」は数えられない名詞で部分冠詞 de la（ドゥラ）を用います。

文型チェック　[聞いて、答えてみましょう。]

Questions（ケスティヨン）

① **Vous avez un passeport ?**（ヴザヴェ アン パスポール）
「あなたはパスポートを持っていますか？」

　Non, je n'ai pas de passeport.（ノン ジュ ネ パ ドゥ パスポール）
「いいえ、私はパスポートを持っていません。」
注：否定の冠詞の de（ドゥ）を用います。（p.77 参照）

② **Vous avez une valise ?**（ヴザヴェ ユヌ ヴァリーズ）
「あなたはスーツケースを持っていますか？」

　Oui, j'ai une valise.（ウィ ジェ ユヌ ヴァリーズ）
「はい、私はスーツケースを持っています。」

Réponses（レポンス）

① **Vous avez de la monnaie ?**（ヴザヴェ ドゥラ モネ）
「あなたは小銭を持っていますか？」

　Oui, j'ai de la monnaie.（ウィ ジェ ドゥラ モネ）
「はい、私は小銭を持っています。」

② **Vous avez de la monnaie ?**（ヴザヴェ ドゥラ モネ）
「あなたは小銭を持っていますか？」

　Non, je n'ai pas de monnaie.（ノン ジュ ネ パ ドゥ モネ）
「いいえ、私は小銭を持っていません。」
注：否定の冠詞の de（ドゥ）を用います。（p.77 参照）

7 マカロン、ありますか？
Vous avez/avoir の構文

マカロン、あります。
J'ai/avoir の構文

(あなたは)〜ありますか？　(私は)〜あります。　🎵109

超 基本文型

🎵 主語 + **avez**（アヴェ）+ 目的語

🎵 主語 + **ai**（エ）+ 目的語

ポイントは

Vous avez（ヴザヴェ）

J'ai（ジェ）

avoir（アヴォワール）は「主語は目的語を持つ」ということを表しますが、目的語によって、「〜を持つ」以外に「〜がいる」「〜を飼う」「何歳である」などさまざまな用法があります。ここでは、「持つ」という意味から発展したavoir（アヴォワール）を勉強しましょう。主語は Vous「あなたは」と Je（ジュ）「私は」を使います。それに合せて avoir（アヴォワール）は avez（アヴェ）と ai（エ）という活用形になります。

注：je（ジュ）は後続の ai（エ）が母音ではじまるので j'とエリズィヨンします。

超 カンタン会話 🔴110

マカロン、ありますか？
（あなたはマカロンを持っていますか？）

ヴザヴェ　　デ　　マカロン
Vous **avez** des macarons ?
あなたは　持つ　いくつか　マカロン

はい、マカロン、あります。

ウィ　ジェ　デ　　マカロン
Oui, j'**ai** des macarons.
はい　私は持つ いくつか　マカロン

赤ワイン、ありますか？
（あなたは赤ワインを持っていますか？）

ヴザヴェ　　デュ　ヴァン　ルージュ
Vous **avez** du vin rouge ?
あなたは　持つ　いくらかワイン　赤い

いいえ、赤ワインはありません。

ノン　ジュ　ネ　パ　ドゥ ヴァン　ルージュ
Non, je n'**ai** pas de vin rouge.
いいえ私は ｜持つ｜ ゼロ ワイン 赤い
　　　　　　否定

注：vin「ワイン」は数えられない名詞で部分冠詞 du を前に置き、否定文では否定の冠詞の de になります。rouge「赤い」は形容詞なので名詞の後ろになります。（p.67-p.68 参照）

113

超 カンタンおしゃべりワイド 🎧111

おしゃべりをちょっと発展させましょう。

持っています
→ アヴェ
avez
[動詞]

持っています
→ エ
ai
[動詞]

あなたは〜を持っています
→ ヴザヴェ
Vous avez
[主語] [動詞]

私は〜を持っています
→ ジェ
J'ai
[主語] [動詞]

あなたは友人がいますか？
→ ヴザヴェ　デザミ
Vous avez des amis ?
[主語] [動詞] [冠詞] [目的語]

私は友人がいます。
→ ジェ　デザミ
J'ai des amis.
[主語] [動詞] [冠詞] [目的語]

あなたはフランス人の友人がいますか？
→ ヴザヴェ　デザミ　フランセ
Vous avez des amis français ?
[主語] [動詞] [冠詞] [目的語] [形容詞]

はい、私はフランス人の友人がいます。
→ ウィ　ジェ　デザミ　フランセ
Oui, j'ai des amis français.
[肯定の答え] [主語] [動詞] [冠詞] [目的語] [形容詞]

注：不定冠詞 des と amis はリエゾンで発音し、形容詞の français「フランスの」は名詞の後ろです。

超 カンタンしゃべって！きいて！こたえて！ 🎵112

単語チェック　[声に出してみましょう。]

① 何人かの子ども [名・複] **des enfants**　デザンファン
注：des と enfants はリエゾンして des enfants と発音します。（デ アンファン → デザンファン）

② 1匹の猫 [男] **un chat**　アン シャ

③ ひとつの考え [女] **une idée**　ユニデ
注：idée が母音ではじまるので une idée とアンシェヌマンでつなげて発音します。（イデ → ユニデ）

文型チェック　[聞いて、答えてみましょう。]

Questions　ケスティヨン

① **Vous avez des enfants ?**　ヴザヴェ デザンファン
「あなたはお子さんがいますか？」

Oui, j'ai deux enfants.　ウィ ジェ ドゥーザンファン
「はい、私は子どもがふたりいます。」
注：deux と enfants はリエゾンして deux enfants と発音します。（ドゥー アンファン → ドゥーザンファン）

Réponses　レポンス

① **Vous avez un chat ?**　ヴザヴェ アン シャ
「あなたは猫を飼っていますか？」

Oui, j'ai un chat noir.　ウィ ジェ アン シャ ノワール
「はい、私は黒猫を1匹飼っています。」

② **Vous avez une idée ?**　ヴザヴェ ユニデ
「あなたはアイディアがありますか？」

Non, je n'ai pas d'idée.　ノン ジュ ネ パ ディデ
「いいえ、アイディアが浮かびません。」

注：① noir「黒い」ノワール は形容詞なので名詞の後ろです。② 否定の冠詞の de は idée が母音ではじまるため d' とエリズィヨンします。（ドゥ イデ）

115

8 あなたはお腹がすいていますか？
Vous avez/avoir の構文

私はお腹がすいています。
J'ai/avoir の構文

あなたは〜(の状態)ですか？　私は〜(の状態)です。 🎧113

超 基本文型

- 主語 + **avez**(アヴェ) + 状態の名詞＝目的語
- 主語 + **ai**(エ) + 状態の名詞＝目的語

ポイントは

Vous avez(ヴザヴェ)

J'ai(ジェ)

avoir(アヴォワール)は「主語は目的語を持つ」ということを表しますが、目的語に状態を表す名詞を使って、「お腹がすいている」というような心身の状態を伝えることができます。このような場合には冠詞を省きます。ここでは、相手の状態や自分の状態を言いましょう。主語は Vous「あなたは」と Je「私は」でそれに合せて avoir は avez と ai という活用形になります。

注：je は後続の ai が母音ではじまるので j'とエリズィヨンします。

超カンタン会話

あなたはお腹がすいていますか？

Vous **avez** faim ?
（ヴザヴェ　ファン）
あなたは　持つ　空腹

はい、私はお腹がすいています。

Oui, j'**ai** faim.
（ウィ　ジェ　ファン）
はい　私は　持つ　空腹

あなたはのどが渇いていますか？

Vous **avez** soif ?
（ヴザヴェ　ソワフ）
あなたは　持つ　のどの渇き

いいえ、私はのどが渇いていません。

Non, je n'**ai** pas soif.
（ノン　ジュ　ネ　パ　ソワフ）
いいえ　私は　持つ[否定]　のどの渇き

117

超 カンタンおしゃべりワイド 🎵115

おしゃべりをちょっと発展させましょう。

持っています
アヴェ
avez
[動詞]

持っています
エ
ai
[動詞]

あなたは〜を持っています
ヴザヴェ
Vous avez
[主語] [動詞]

私は〜を持っています
ジェ
J'ai
[主語] [動詞]

あなたは痛みを持っていますか？
ヴザヴェ　マル
Vous avez mal ?
[主語] [動詞] [状態の名詞＝目的語]

私は痛みを持っています。
ジェ　マル
J'ai mal.
[主語] [動詞] [状態の名詞＝目的語]

あなたは頭が痛いのですか？
ヴザヴェ　マラ　ラ　テットゥ
Vous avez mal à la tête ?
[主語] [動詞] [状態の名詞] [前置詞] [部位の名詞]

はい、私は頭が痛いです。
ウィ　ジェ　マラ　ラ　テットゥ
Oui, j'ai mal à la tête.
[肯定の答え] [主語] [動詞] [状態の名詞] [前置詞] [部位の名詞]

注：avoir ＋ mal ＋ à ＋身体の部位という熟語で、身体の痛いところを表現できます。
（アヴォワール マル ア）

118

超カンタンしゃべって！きいて！こたえて！ 🎧116

単語チェック　[声に出してみましょう。]

① のどの痛み 男　　mal à la gorge（マラ ラ ゴルジュ）

注：前置詞の à が母音でなので mal à とアンシェヌマンでつなげて発音します。

② 暑さ 男　　chaud（ショ）

③ 眠気 男　　sommeil（ソメイユ）

文型チェック　[聞いて、答えてみましょう。]

Questions（ケスティヨン）

① Vous avez mal à la tête ?（ヴザヴェ マラ ラ テットゥ）
「あなたは頭が痛いですか？」

② Vous avez mal à la gorge ?（ヴザヴェ マラ ラ ゴルジュ）
「あなたはのどが痛いですか？」

Réponses（レポンス）

Non, je n'ai pas mal à la tête.（ノン シュ ネ パ マラ ラ テットゥ）
「いいえ、私は頭が痛くありません。」

Oui, j'ai un peu mal à la gorge.（ウィ ジェ アン プー マラ ラ ゴルジュ）
「はい、私は少しのどが痛いです。」

① Vous avez chaud ?（ヴザヴェ ショ）
「あなたは暑いですか？」

② Vous avez sommeil ?（ヴザヴェ ソメイユ）
「あなたは眠いですか？」

Oui, j'ai un peu chaud.（ウィ ジェ アン プー ショ）
「はい、私は少し暑いです。」

Non, je n'ai pas sommeil.（ノン ジュ ネ パ ソメイユ）
「いいえ、私は眠くありません。」

9 あなたはチョコレートが好きですか？
Vous aimez/aimer の構文
私はチョコレートが好きです。
J'aime/aimer の構文

あなたは〜が好きですか？　　私は〜が好きです。　🔊117

超 基本文型

9 主語 + **aimez**(エメ) + 目的語

9 主語 + **aime**(エム) + 目的語

ポイントは

Vous aimez 〜(ヴゼメ)　　**J'aime 〜**(ジェム)

aimer は「主語は目的語が好きである」ということを表します。目的語が「人」の場合は、好き嫌いを示します。趣味や好みに関するときは、目的語には定冠詞（「もの」全体を指す）や指示形容詞そして所有形容詞などが使われます。ここでは相手や自分の好みを言いましょう。主語は Vous「あなたは」と Je「私は」でそれに合せて aimer は aimez と aime という活用形になります。

注：je は aime が母音ではじまるので j' とエリズィヨンします。

超カンタン会話 🎧118

あなたはチョコレートが好きですか？

Vous **aimez** le chocolat ?
ヴゼメ　　　　ル　ショコラ

あなたは　〜が好きです　　チョコレート

はい、私はチョコレートが好きです。

Oui, j'**aime** le chocolat.
ウィ　ジェム　ル　ショコラ

はい　私は〜が好きです　　チョコレート

あなたはワインが好きですか？

Vous **aimez** le vin ?
ヴゼメ　　　　ル　ヴァン

あなたは　〜が好きです　　ワイン

いいえ、私はワインが好きではありません。

Non, je n'**aime** pas le vin.
ノン　ジュ　ネム　パ　ル　ヴァン

いいえ　私は　〜が好きです　　　ワイン
　　　　　　　　否定

注：定冠詞の le と la と les は目的語の「もの」全体を指しています。（p.63 参照）
　　　　　　ル　　ラ　　レ
注：aime が母音ではじまるので ne は n' とエリズィヨンします。
　　　エム　　　　　　　　　ヌ

121

超 カンタンおしゃべりワイド 🎧119

おしゃべりをちょっと発展させましょう。

好きです
→
エメ
aimez
動詞

好きです
→
エム
aime
動詞

あなたは〜が好きです
→
ヴゼメ
Vous aimez
主語　動詞

私は〜が好きです
→
ジェム
J'aime
主語　動詞

あなたは猫が好きですか？
→
ヴゼメ　レ　シャ
Vous aimez les chats ?
主語　動詞　定冠詞　目的語

私は猫が好きです。
→
ジェム　レ　シャ
J'aime les chats.
主語　動詞　定冠詞　目的語

あなたは猫が好きですか？
→
ヴゼメ　レ　シャ
Vous aimez les chats ?
主語　動詞　定冠詞　目的語

はい、私は猫が大好きです。
→
ウィ　ジェム　ボク　レ　シャ
Oui, j'aime beaucoup les chats.
肯定の答え　主語　動詞　副詞　定冠詞　目的語

注：beaucoup は「とても、たくさん」という意味です。

超カンタンしゃべって！きいて！こたえて！ 🎧120

単語チェック [声に出してみましょう。]

① 犬 男・複　　les chiens （レ シヤン）

② コーヒー 男　le café （ル カフェ）

③ 音楽 女　　la musique （ラ ミュズィック）

Questions （ケスティヨン）

① Vous aim**ez** les chien**s** ?　（ヴゼメ レ シヤン）
「あなたは犬が好きですか？」

Oui, j'aim**e** beaucoup les chien**s**.　（ウィ ジェム ボク レ シヤン）
「はい、私は犬が大好きです。」

② Vous aim**ez** le café ?　（ヴゼメ ル カフェ）
「あなたはコーヒーが好きですか？」

Non, j'aim**e** le thé.　（ノン ジェム ル テ）
「いいえ、私は紅茶が好きです。」

注：応答文を否定の Non, ではじめて、目的語を入れ替えて肯定文で答えることもできます。

Réponses （レポンス）

① Vous aim**ez** la musique ?　（ヴゼメ ラ ミュズィック）
「あなたは音楽が好きですか？」

Oui, j'aim**e** la musique.　（ウィ ジェム ラ ミュズィック）
「はい、私は音楽が好きです。」

② Vous aim**ez** la musique ?　（ヴゼメ ラ ミュズィック）
「あなたは音楽が好きですか？」

Oui, j'aim**e** le jazz.　（ウィ ジェム ル ジャズ）
「はい、私はジャズが好きです。」

10 あなたは歌うのが好きですか？
Vous aimez/aimer の構文
私は歌うのが好きです。
J'aime/aimer の構文

あなたは〜するのが好きですか？ 私は〜するのが好きです。 🔊121

超 基本文型

- 主語 + **aimez**（エメ）+ 動詞の原形
- 主語 + **aime**（エム）+ 動詞の原形

ポイントは

Vous aimez 〜（ヴゼメ）　　**J'aime 〜**（ジェム）

aimer は「主語 は 目的語 が好きである」ということを表します。目的語を動詞の原形に変えて、「〜するのが好きである」という意味になります。ここでは相手や自分の好みの行動を語りましょう。主語は Vous「あなたは」と Je「私は」で、それに合せて aimer は aimez と aime という活用形になります。

注：vous と aimez はリエゾンして vous aimez と発音します。また、je は後続の aime が母音ではじまるので j' とエリズィヨンします。

超 カンタン会話

あなたは歌うのが好きですか？

Vous **aimez** chanter ?
ヴゼメ　　　シャンテ

あなたは　〜が好きです　歌う

はい、私は歌うのが好きです。

Oui, j'**aime** chanter.
ウィ　ジェム　　シャンテ

はい　私は〜が好きです　歌う

あなたは踊るのが好きですか？

Vous **aimez** danser ?
ヴゼメ　　　ダンセ

あなたは　〜が好きです　踊る

いいえ、私は踊るのが好きではありません。

Non, je n'**aime** pas danser.
ノン　ジュ　ネム　パ　ダンセ

いいえ　私は　〜が好きです（否定）　踊る

125

超カンタンおしゃべりワイド 🎵123

おしゃべりをちょっと発展させましょう。

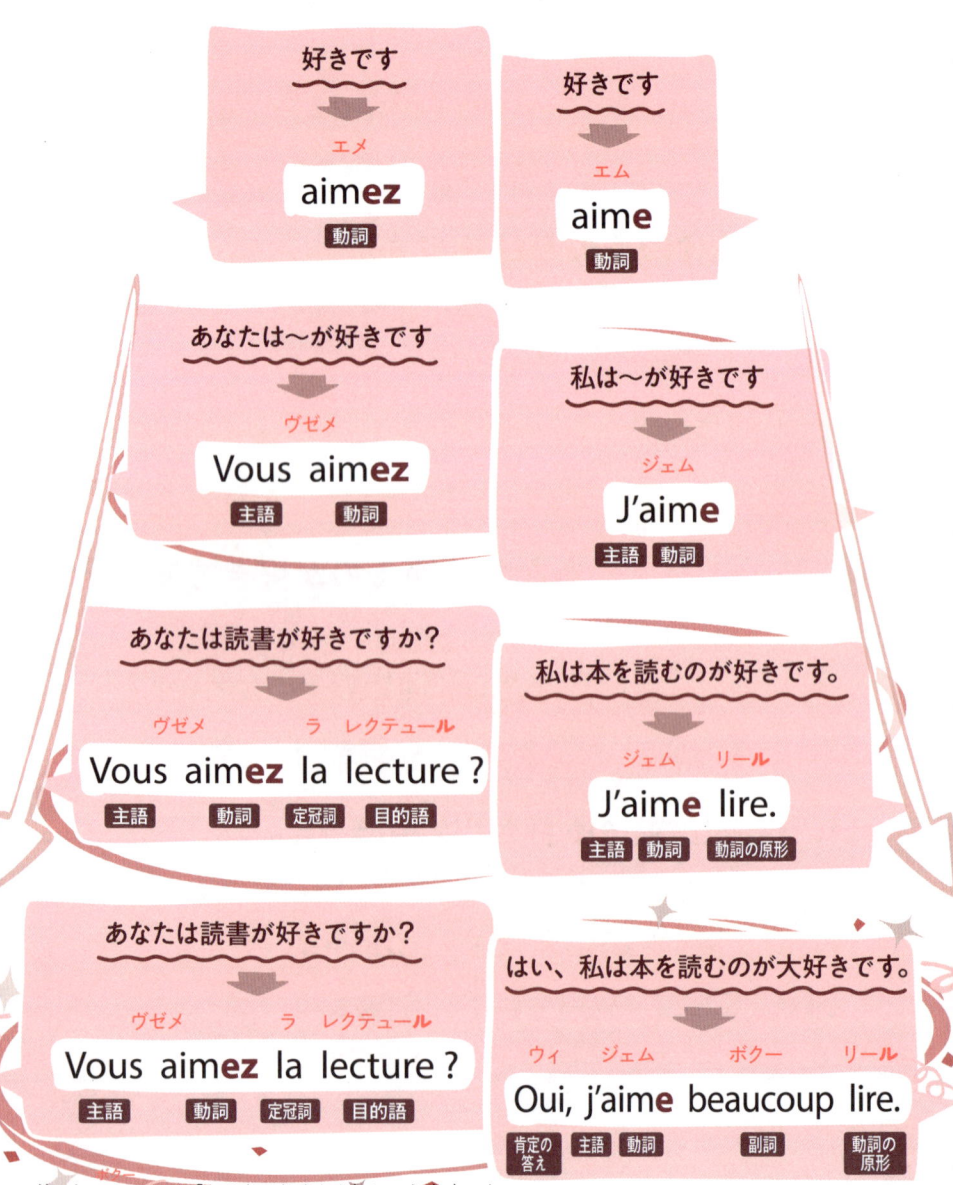

好きです
→
エメ
aimez
動詞

好きです
→
エム
aime
動詞

あなたは〜が好きです
→
ヴゼメ
Vous aimez
主語　動詞

私は〜が好きです
→
ジェム
J'aime
主語　動詞

あなたは読書が好きですか？
→
ヴゼメ　　　ラ　レクテュール
Vous aimez la lecture ?
主語　動詞　定冠詞　目的語

私は本を読むのが好きです。
→
ジェム　　リール
J'aime lire.
主語　動詞　動詞の原形

あなたは読書が好きですか？
→
ヴゼメ　　　ラ　レクテュール
Vous aimez la lecture ?
主語　動詞　定冠詞　目的語

はい、私は本を読むのが大好きです。
→
ウィ　ジェム　　ボクー　　リール
Oui, j'aime beaucoup lire.
肯定の答え　主語　動詞　副詞　動詞の原形

注：beaucoup は「とても、たくさん」という意味です。

126

超 カンタンしゃべって！きいて！こたえて！ 🔊124

単語チェック　[声に出してみましょう。]

① 料理 囡　la cuisine（ラ キュイズィーヌ）　　食べる　manger（マンジェ）

② 映画 男　le cinéma（ル スィネマ）　　映画館に行く　aller au cinéma（アレ オ スィネマ）

注：au は前置詞 à と定冠詞 le が縮約された形です。（p.63 参照）

③ 音楽 囡　la musique（ラ ミュズィック）　　音楽を聞く　écouter de la musique（エクテ ドゥ ラ ミュズィック）

注：「音楽を聞く」という場合は部分冠詞の de la を用います。

文型チェック　[聞いて、答えてみましょう。]

Questions（ケスティヨン）

① Vous aimez la cuisine ?（ヴゼメ ラ キュイズィーヌ）
「あなたは料理が好きですか？」

Oui, j'aime beaucoup manger.（ウィ ジェム ボク マンジェ）
「はい、私は食べるのが大好きです。」

② Vous aimez le cinéma ?（ヴゼメ ル スィネマ）
「あなたは映画が好きですか？」

Oui, j'aime les films français.（ウィ ジェム レ フィルム フランセ）
「はい、私はフランス映画が好きです。」

注：français「フランスの」は形容詞なので名詞の後ろに置きます。（p.67-p.68 参照）

Réponses（レポンス）

① Vous aimez le cinéma ?（ヴゼメ ル スィネマ）
「あなたは映画が好きですか？」

Oui, j'aime aller au cinéma.（ウィ ジェム アレ オ スィネマ）
「はい、私は映画館に行くのが好きです。」

② Vous aimez la musique ?（ヴゼメ ラ ミュズィック）
「あなたは音楽が好きですか？」

Oui, j'aime écouter de la musique.（ウィ ジェム エクテ ドゥ ラ ミュズィック）
「はい、私は音楽を聞くのが好きです。」

11 あなたはフランス語を話しますか？
Vous parlez/parler の構文

私はフランス語を話します。
Je parle/parler の構文

あなたは〜語を話しますか？　私は〜語を話します。　🎧125

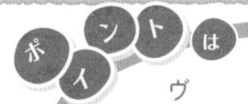

超 基本文型

- 主語 + **parlez**(パルレ) + 言語名
- 主語 + **parle**(パルル) + 言語名

ポイントは

Vous parlez 〜(ヴ パルレ)

Je parle 〜(ジュ パルル)

parler は「話す」という意味です。単独でも目的語（言語の名詞）を伴っても使うことができます。ここでは、相手と自分が何語を話すことができるのかを言ってみましょう。主語は Vous「あなたは」と Je「私は」で、それに合せて parler は parlez と parle という活用形になります。

注：「話すことができる」という意味合いも parler「話す」に含まれます。

超 カンタン会話

あなたはフランス語を話しますか？

ヴ　　　パルレ　　　フランセ
Vous **parlez** français ?
あなたは　　話す　　フランス語

はい、私はフランス語を話します。

ウィ　ジュ　パルル　　フランセ
Oui, je **parle** français.
はい　私は　話す　　フランス語

あなたは日本語を話しますか？

ヴ　　　パルレ　　　ジャポネ
Vous **parlez** japonais ?
あなたは　　話す　　日本語

いいえ、私は日本語を話しません。

ノン　ジュ　ヌ　　パルル　　パ　ジャポネ
Non, je ne **parle** pas japonais.
いいえ 私は　　　話す　　　　日本語
　　　　　　　　　否定

注：parler＋言語の名詞の場合は、名詞の前の冠詞を省くことが多いです。

超 カンタンおしゃべりワイド 🔴 127

おしゃべりをちょっと発展させましょう。

話します → パルレ **parlez** 動詞

話します → パルル **parle** 動詞

あなたは〜を話します → ヴ パルレ **Vous parlez** 主語 動詞

私は〜を話します → ジュ パルル **Je parle** 主語 動詞

あなたは英語を話しますか？ → ヴ パルレ アングレ **Vous parlez anglais ?** 主語 動詞 言語名＝目的語

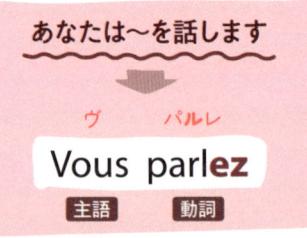

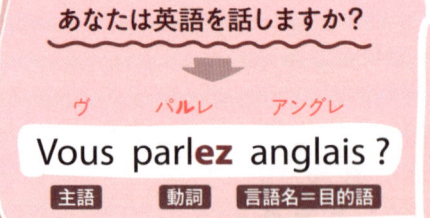

私は英語を話します。 → ジュ パルル アングレ **Je parle anglais.** 主語 動詞 言語名＝目的語

あなたは英語を話しますか？ → ヴ パルレ アングレ **Vous parlez anglais ?** 主語 動詞 言語名＝目的語

はい、私は英語を話すのが上手です。 → ウィ ジュ パルル ビヤン アングレ **Oui, je parle bien anglais.** 肯定の答え 主語 動詞 副詞 言語名＝目的語

注：bien は「よく、うまく、上手に」という意味です。

超 カンタンしゃべって！きいて！こたえて！ 🎧128

単語チェック ［声に出してみましょう。］

① たくさん　　**beaucoup**（ボクー）

② ～と一緒に　　**avec** ～（アヴェック）

③ 大きな声で　　**fort**（フォール）

Questions（ケスティヨン）

① **Vous parlez japonais ?**（ヴ パルレ ジャポネ）
「あなたは日本語を話しますか？」

Oui, je parle bien japonais.（ウィ ジュ パルル ビヤン ジャポネ）
「はい、私は日本語を話すのが上手です。」

② **Vous aimez parler ?**（ヴゼメ パルレ）
「あなたは話すのが好きですか？」

Oui, je parle beaucoup.（ウィ ジュ パルル ボクー）
「はい、私はおしゃべりです。」

Réponses（レポンス）

① Vous parlez avec qui ?（ヴ パルレ アヴェック キ）
「あなたは誰と話しているのですか？」

注：qui は「誰」という意味の疑問詞です。

Je parle avec Léna.（ジュ パルル アヴェック レナ）
「私はレナと話しています。」

② Vous parlez fort ?（ヴ パルレ フォール）
「あなたは大声で話しますか？」

Non, je ne parle pas fort.（ノン ジュ ヌ パルル パ フォール）
「いいえ、私は大声で話しません。」

131

12 あなたはパンを食べますか？
Vous mangez/manger の構文

私はパンを食べます。
Je mange/manger の構文

あなたは～を食べますか？　私は～を食べます。

超 基本文型

- 主語 + **mangez**（マンジェ）+ 目的語
- 主語 + **mange**（マンジュ）+ 目的語

ポイントは

Vous mangez ～　　Je mange

manger は「食べる」という意味の動詞です。単独でも使えて、その場合は「食事をする」ということを表します。目的語を伴うときは、その名詞そのものを指すので、不定冠詞あるいは部分冠詞を名詞の前に用います。ここでは、相手や自分が食べるものを言ってみましょう。主語は Vous「あなたは」と Je「私は」で、それに合せて manger は mangez と mange という活用形になります。

注：不定冠詞と部分冠詞は p.62-p.63 を参照してください。

超 カンタン会話

あなたはパンを食べますか？

ヴ　　　マンジェ　　デュ　　パン
Vous **mangez** du pain ?
あなたは　　食べる　　いくらかの　パン

はい、私はパンを食べます。

ウィ　ジュ　マンジュ　デュ　パン
Oui, je **mange** du pain.
はい　私は　食べる　いくらかの　パン

あなたはアイスクリームを食べますか？

ヴ　　　マンジェ　　ドゥ　ラ　グラス
Vous **mangez** de la glace ?
あなたは　　食べる　　いくらかの　アイスクリーム

いいえ、私はアイスクリームを食べません。

ノン　ジュ　ヌ　マンジュ　パ　ドゥ　グラス
Non, je ne **mange** pas de glace.
いいえ　私は　　食べる　　ゼロ　アイスクリーム
　　　　　　　[否定]

注：否定文中でゼロを表す場合には否定の冠詞の de（ドゥ）を用います。（p.77 参照）

133

超カンタンおしゃべりワイド

おしゃべりをちょっと発展させましょう。

食べます
→
マンジェ
mangez
動詞

食べます
→
マンジュ
mange
動詞

あなたは食べます
→
ヴ　　マンジェ
Vous mangez
主語　　動詞

私は食べます
→
ジュ　マンジュ
Je mange
主語　動詞

あなたは肉料理を食べますか？
→
ヴ　マンジェ　ドゥ ラ ヴィヤーンドゥ
Vous mangez de la viande ?
主語　動詞　　冠詞　目的語

私は肉料理を食べます。
→
ジュ　マンジュ　ドゥ ラ ヴィヤーンドゥ
Je mange de la viande.
主語　動詞　　冠詞　目的語

あなたは肉料理を食べますか？
→
ヴ　マンジェ　ドゥ ラ ヴィヤーンドゥ
Vous mangez de la viande ?
主語　動詞　　冠詞　目的語

はい、私はステーキを食べます。
→
ウィ　ジュ　マンジュ　アン　ステック
Oui, je mange un steak.
肯定の答え　主語　動詞　冠詞　目的語

注：「肉料理」では部分冠詞を使い、料理1人分を指すときには un、une を用います。

134

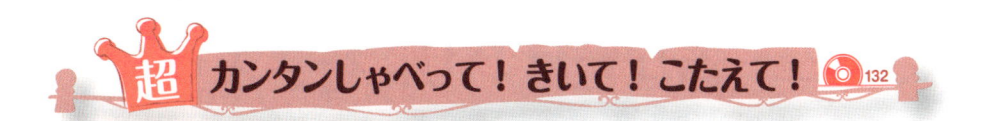

超 カンタンしゃべって！きいて！こたえて！ 🔊132

単語チェック [声に出してみましょう。]

① 魚料理 男　　du poisson（デュ ポワソン）　　② ～と一緒に　　avec ～（アヴェック）

③ おいしく　　bien（ビヤン）　　とてもおいしく　　très bien（トレ ビヤン）

Questions（ケスティヨン）

① **Vous mangez du poisson ?**（ヴ マンジェ デュ ポワソン）
「あなたは魚料理を食べますか？」

Oui, je mange du poisson.（ウィ ジュ マンジュ デュ ポワソン）
「はい、私は魚料理を食べます。」

② **Vous aimez manger ?**（ヴゼメ マンジェ）
「あなたは食べるのが好きですか？」

Oui, je mange beaucoup.（ウィ ジュ マンジュ ボクー）
「はい、私はたくさん食べます。」

Réponses（レポンス）

① **Vous mangez avec moi ?**（ヴ マンジェ アヴェック モワ）
「あなたは私と一緒に食べますか？」

Oui, je mange avec vous.（ウィ ジュ マンジュ アヴェック ヴ）
「はい、私はあなたと食べます。」

注：avec の後ろの moi「私」と vous「あなた」は人称代名詞強勢形です。（p.72 参照）

② **Vous mangez bien ?**（ヴ マンジェ ビヤン）
「あなたはおいしく食べていますか？」

Oui, je mange très bien.（ウィ ジュ マンジュ トレ ビヤン）
「はい、とてもおいしくいただいています。」

13 あなたはパリに行きますか？
Vous allez/aller の構文
私はパリに行きます。
Je vais/aller の構文

あなたは〜に行きますか？　私は〜に行きます。　133

超 基本文型

- 主語 + **allez** (アレ) + 前置詞 + 場所の名詞
- 主語 + **vais** (ヴェ) + 前置詞 + 場所の名詞

ポイントは

Vous allez à 〜 (ヴザレ ア)　　**Je vais à 〜** (ジュ ヴェ ア)

aller は場所を表す前置詞を伴って「〜に行く」という意味を表します。場所を表す前置詞はいろいろありますが、この課では、場所を表す前置詞 à を中心に勉強します。主語は Vous「あなたは」と Je「私は」で、それに合せて aller は allez と vais という活用形になります。

注：vous と allez はリエゾンして vous allez と発音します。

超 カンタン会話

あなたはパリに行きますか？

　　　ヴザレ　　　ア　　　パリ
Vous allez à Paris ?

あなたは　行く　〜に　パリ

はい、私はパリに行きます。

ウィ　ジュ　ヴェ　ア　パリ
Oui, je vais à Paris.

はい　私は　行く　〜に　パリ

あなたはエッフェル塔に行きますか？

　　ヴザレ　　　　ア　ラ　　トゥーレッフェル
Vous allez à la tour Eiffel ?

あなたは　行く　〜に　　　エッフェル塔

はい、私はエッフェル塔に行きます。

ウィ　ジュ　ヴェ　ア　ラ　　トゥーレッフェル
Oui, je vais à la tour Eiffel.

はい　私は　行く　〜に　　　エッフェル塔

注：Eiffel が母音ではじまるので tour Eiffel とアンシェヌマンでつなげて発音します。
（エッフェル／トゥーレッフェル）

超 カンタンおしゃべりワイド

おしゃべりをちょっと発展させましょう。

行きます
→ アレ
allez [動詞]

行きます
→ ヴェ
vais [動詞]

あなたは行きます
→ ヴザレ
Vous allez [主語][動詞]

私は行きます
→ ジュ ヴェ
Je vais [主語][動詞]

あなたは〜に行きます
→ ヴザレ ア
Vous allez à [主語][動詞][前置詞]

私は〜に行きます
→ ジュ ヴェ ア
Je vais à [主語][動詞][前置詞]

あなたはオペラ座に行きますか？
→ ヴザレ ア ロペラ
Vous allez à l'Opéra ? [主語][動詞][前置詞][場所の名詞]

はい、私はオペラ座に行きます。
→ ウィ ジュ ヴェ ア ロペラ
Oui, je vais à l'Opéra. [肯定の答え][主語][動詞][前置詞][場所の名詞]

超 カンタンしゃべって！きいて！こたえて！ 🎧136

単語チェック　[声に出してみましょう。]

① どこに [疑問詞]　　où（ウ）

② 郵便局 [女] に　　à la poste（ア ラ ポストゥ）

③ オルセー美術館 [男] に　　au musée d'Orsay（オ ミュゼ ドルセ）

注：au は前置詞の à（ア）と定冠詞の le（ル）が縮約された形です。（p.63 参照）

文型チェック　[聞いて、答えてみましょう。]

Questions（ケスティヨン）

① **Vous allez où ?**（ヴザレ ウ）
「あなたはどこに行くのですか？」

② **Vous allez à la maison ?**（ヴザレ ア ラ メゾン）
「あなたは家に行きますか？」

Je vais à Versailles.（ジュ ヴェ ア ヴェルサイユ）
「私はベルサイユに行きます。」

Non, je ne vais pas à la maison.（ノン ジュ ヌ ヴェ パ ア ラ メゾン）
「いいえ、私は家に行きません。」

Réponses（レポンス）

① **Vous allez où ?**（ヴザレ ウ）
「あなたはどこに行くのですか？」

② **Vous allez où ?**（ヴザレ ウ）
「あなたはどこに行くのですか？」

Je vais à la poste.（ジュ ヴェ ア ラ ポストゥ）
「私は郵便局に行きます。」

Je vais au musée d'Orsay.（ジュ ヴェ オ ミュゼ ドルセ）
「私はオルセー美術館に行きます。」

139

14 あなたは地下鉄に乗りますか？
Vous prenez/prendre の構文
私は地下鉄に乗ります。
Je prends/prendre の構文

あなたは〜に乗りますか？　私は〜に乗ります。

超 基本文型

- 主語 + **prenez**(プルネ) + 目的語
- 主語 + **prends**(プラン) + 目的語

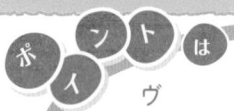

ポイントは

Vous prenez 〜(ヴ プルネ)

Je prends 〜(ジュ プラン)

prendre はさまざまな意味を持つとても便利な動詞です。「とる」「買う」「食べる」「飲む」「注文する」「乗る」などで、英語の take と同じように用います。目的語によって使い分けましょう。ここでは、いろいろ試してみましょう。主語は Vous「あなたは」と Je「私は」で、それに合せて prendre は prenez と prends という活用形になります。

超 カンタン会話

あなたは地下鉄に乗りますか？

ヴ　　プルネ　　ル　メトロ
Vous **prenez** le métro ?
あなたは　乗る　　　　地下鉄

はい、私は地下鉄に乗ります。

ウィ　ジュ　プラン　ル　メトロ
Oui, je **prends** le métro.
はい　私は　乗る　　　　地下鉄

あなたは朝食をとりますか？

ヴ　　プルネ　　ル　プティ　デジュネ
Vous **prenez** le petit déjeuner ?
あなたは　とる　　　　　　朝食

いいえ、私は朝食をとりません。

ノン　ジュ　ヌ　プラン　パ　ル　プティ　デジュネ
Non, je ne **prends** pas le petit déjeuner.
いいえ 私は　　とる　　　　　　　朝食
　　　　　　　否定

注：否定文中でも目的語の前に定冠詞がある場合はそのまま定冠詞を使います。

超 カンタンおしゃべりワイド 🎵139

おしゃべりをちょっと発展させましょう。

買います
→ プルネ
prenez
[動詞]

買います
→ プラン
prends
[動詞]

あなたは買います
→ ヴ プルネ
Vous prenez
[主語] [動詞]

私は買います
→ ジュ プラン
Je prends
[主語] [動詞]

あなたはこのバッグを買いますか?
→ ヴ プルネ ス サック
Vous prenez ce sac ?
[主語] [動詞] [指示形容詞] [目的語]

私はこのバッグを買います。
→ ジュ プラン ス サック
Je prends ce sac.
[主語] [動詞] [指示形容詞] [目的語]

あなたはこのバッグを買いますか?
→ ヴ プルネ ス サック
Vous prenez ce sac ?
[主語] [動詞] [指示形容詞] [目的語]

はい、私はこの黒いバッグを買います。
→ ウィ ジュ プラン ス サック ノワール
Oui, je prends ce sac noir.
[肯定の答え] [主語] [動詞] [指示形容詞] [目的語] [形容詞]

注：目的語の名詞の前の ce は指示形容詞で「この」という意味です。(p.65 参照)

超 カンタンしゃべって！きいて！こたえて！ 🔊140

単語チェック　[声に出してみましょう。]

① タクシー 男　　un taxi（アン タクシー）

② これ　　ça（サ）　[指示代名詞]（p.73 参照）

③ あなたのカサ 男　　votre parapluie（ヴォトル パラプリュイ）　　私のカサ　mon parapluie（モン パラプリュイ）

文型チェック　[聞いて、答えてみましょう。]

Questions（ケスティヨン）

① Vous prenez le métro ?（ヴ プルネ ル メトロ）
「あなたは地下鉄に乗りますか？」
Non, je ne prends pas le métro.（ノン ジュ ヌ プラン パ ル メトロ）
「いいえ、私は地下鉄に乗りません。」

② Vous prenez un taxi ?（ヴ プルネ アン タクシー）
「あなたはタクシーに乗りますか？」
Oui, je prends un taxi.（ウィ ジュ プラン アン タクシー）
「はい、私はタクシーに乗ります。」

注：métro「地下鉄」は定冠詞の le で taxi「タクシー」は不定冠詞の un が使われます。乗り物によって冠詞が変わる場合があります。

Réponses（レポンス）

① Vous prenez ce sac ?（ヴ プルネ ス サック）
「あなたはこのバッグを買いますか？」
Oui, je prends ça.（ウィ ジュ プラン サ）
「はい、私はこれを買います。」

② Vous prenez votre parapluie ?（ヴ プルネ ヴォトル パラプリュイ）
「あなたはカサを持ちましたか？」
Oui, je prends mon parapluie.（ウィ ジュ プラン モン パラプリュイ）
「はい、自分のカサを持ちました。」

15 あなたは買い物をしますか？
Vous faites/faire の構文

私は買い物をします。
Je fais/faire の構文

あなたは〜をしますか？　　私は〜をします。　🔊141

超 基本文型

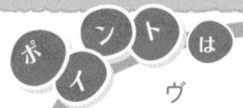

- 主語 + **faites**（フェットゥ）+ 目的語
- 主語 + **fais**（フェ）+ 目的語

ポイントは

Vous faites 〜（ヴ フェットゥ）

Je fais 〜（ジュ フェ）

faire は「作る、する」というような意味を持つとても便利な動詞です。英語の make と do に相当します。使役動詞にもなりますし、数量や天候なども表します。ここでは、状況に合わせて冠詞を使い分けながら相手や自分の行動について言ってみましょう。主語は Vous「あなたは」と Je「私は」で、それに合せて faire は faites と fais という活用形になります。

超 カンタン会話

あなたは買い物をしますか？

ヴ　フェットゥ　デュ　ショッピング
Vous **faites** du shopping ?
あなたは　する　　　　買い物

はい、私は買い物をします。

ウィ　ジュ　フェ　デュ　ショッピング
Oui, je **fais** du shopping.
はい　私は　する　　　　買い物

あなたはフランス語を学んでいますか？

ヴ　フェットゥ　デュ　フランセ
Vous **faites** du français ?
あなたは　する　　　　フランス語

はい、私はフランス語を学んでいます。

ウィ　ジュ　フェ　デュ　フランセ
Oui, je **fais** du français.
はい　私は　する　　　　フランス語

注：shopping「買い物」と français「フランス語」の前の du は部分冠詞です。

超カンタンおしゃべりワイド 🎵143

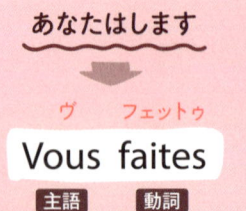

おしゃべりをちょっと発展させましょう。

します
→
フェットゥ
faites
動詞

します
→
フェ
fais
動詞

あなたはします
→
ヴ　フェットゥ
Vous faites
主語　動詞

私はします
→
ジュ　フェ
Je fais
主語　動詞

あなたは旅行をしますか？
→
ヴ　フェットゥ　アン　ヴォワィヤージュ
Vous faites un voyage ?
主語　動詞　冠詞　目的語

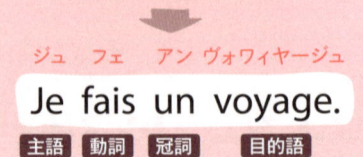

私は旅行をします。
→
ジュ　フェ　アン　ヴォワィヤージュ
Je fais un voyage.
主語　動詞　冠詞　目的語

あなたは旅行をしますか？
→
ヴ　フェットゥ　アン　ヴォワィヤージュ
Vous faites un voyage ?
主語　動詞　冠詞　目的語

はい、私はフランスへ旅行に行きます。
→
ウィ　ジュ　フェ　アン ヴォワィヤージュ アン　フランス
Oui, je fais un voyage en France.
肯定の答え　主語　動詞　冠詞　目的語　前置詞　国名

注：France「フランス」のような女性名詞の国名に伴う目的地を表す前置詞は en を使います。(p.56 参照)

超 カンタンしゃべって！きいて！こたえて！ 🔊144

単語チェック　[声に出してみましょう。]

① テニス 男　　　デュ テニス
　　　　　　　　du tennis

② ケーキ 男　　　アン ガトー　　　　　　　　　　　アン ボン ガトー
　　　　　　　　un gâteau　　おいしいケーキ　un bon gâteau

注：bon は「おいしい」という意味の形容詞で、名詞の前に置きます。(p.67-p.69 参照)

③ あなたのスーツケース 女　ヴォトル ヴァリーズ　　　　　　　　マ ヴァリーズ
　　　　　　　　　　　　votre valise　私のスーツケース　ma valise

文型チェック　[聞いて、答えてみましょう。]

Questions（ケスティヨン）

① **Vous faites du shopping ?**
ヴ フェトゥ デュ ショッピング
「あなたは買い物をしますか？」

Oui, j'aime le shopping.
ウィ ジェム ル ショッピング
「はい、私は買い物が好きです。」

注：「買い物」全体を指す場合は定冠詞の le を用います。(p.63 参照)

② **Vous faites du tennis ?**
ヴ フェトゥ デュ テニス
「あなたはテニスをしますか？」

Oui, j'aime faire du tennis.
ウィ ジェム フェール デュ テニス
「はい、私はテニスをするのが好きです。」

注：faire du tennis「テニスをする」の場合は部分冠詞を用います。
フェール デュ テニス

Réponses（レポンス）

① **Vous faites un gâteau ?**
ヴ フェトゥ アン ガトー
「あなたはケーキを作るのですか？」

Oui, je fais un bon gâteau.
ウィ ジュ フェ アン ボン ガトー
「はい、私はおいしいケーキを作ります。」

② **Vous faites votre valise ?**
ヴ フェトゥ ヴォトル ヴァリーズ
「あなたは荷造りをしていますか？」

Oui, je fais ma valise.
ウィ ジュ フェ マ ヴァリーズ
「はい、荷造りをしています。」

16

あなたは水が欲しいですか？
Vous voulez/vouloir の構文

私は水が欲しいです。
Je veux/vouloir の構文

あなたは～が欲しいですか？　私は～が欲しいです。 🎧145

超 基本文型

- 主語 + **voulez**（ヴレ） + 目的語 ／ 動詞の原形
- 主語 + **veux**（ヴ） + 目的語 ／ 動詞の原形

ポイントは

Vous voulez（ヴ ヴレ）

Je veux ～（ジュ ヴ）

vouloir（ヴロワール）は「欲しい」という意味の不規則動詞です。英語の want に相当します。後ろに目的語を伴って「～が欲しい」となりますが、目的語の冠詞は状況に応じて使い分けます。また、動詞の原形が後ろにくれば「～したい」と願望を表します。ここでは、相手や自分の欲しいものや願望を言ってみましょう。主語は Vous「あなたは」と Je「私は」で、それに合せて vouloir は voulez と veux という活用形になります。

超カンタン会話

あなたは水が欲しいですか？

ヴ　　ヴレ　　　ドゥ　ロ
Vous **voulez** de l'eau ?
あなたは　欲しい　　　　水

はい、私は水が欲しいです。

ウィ　ジュ　ヴ　　ドゥ　ロ
Oui, je **veux** de l'eau.
はい　私は　欲しい　　　水

あなたはオレンジジュースが欲しいですか？

ヴ　　ヴレ　　　デュ　ジュ　ドランジュ
Vous **voulez** du jus d'orange ?
あなたは　欲しい　　　　オレンジジュース

はい、私はオレンジジュースが欲しいです。

ウィ　ジュ　ヴ　　デュ　ジュ　ドランジュ
Oui, je **veux** du jus d'orange.
はい　私は　欲しい　　　オレンジジュース

注：eau「水」と jus d'orange「オレンジジュース」の前の de l' と du は部分冠詞です。

超カンタンおしゃべりワイド 🎧147

おしゃべりをちょっと発展させましょう。

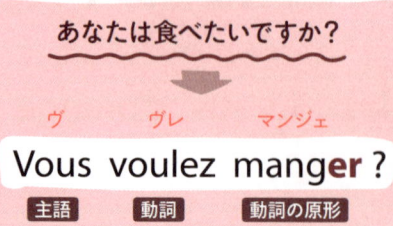

欲しい
→ ヴレ
voulez 動詞

欲しい
→ ヴ
veux 動詞

あなたは欲しい
→ ヴ　ヴレ
Vous voulez 主語 動詞

私は欲しい
→ ジュ　ヴ
Je veux 主語 動詞

あなたは食べたいですか？
→ ヴ　ヴレ　マンジェ
Vous voulez manger ? 主語 動詞 動詞の原形

私は食べたいです。
→ ジュ　ヴ　マンジェ
Je veux manger. 主語 動詞 動詞の原形

あなたは食べたいですか？
→ ヴ　ヴレ　マンジェ
Vous voulez manger ? 主語 動詞 動詞の原形

はい、私はステーキを食べたいです。
→ ウィ ジュ ヴ マンジェ アン ステック
Oui, je veux manger un steak.
肯定の答え 主語 動詞 動詞の原形 冠詞 目的語

注：vouloir＋動詞の原形で「〜したい」という意味になります。

150

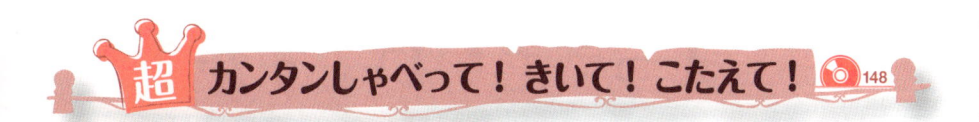

超 カンタンしゃべって！きいて！こたえて！ 🎵148

単語チェック [声に出してみましょう。]

① もっと　　　アンコール
　　　　　　　encore

② デザート 男　アン　デセール　　　　　　　　　タルト 女　ユヌ　タルトゥ
　　　　　　　un dessert　　　　　　　　　　　　　　　　　une tarte

③ 何か　　　ケルク　ショーズ
　　　　　　　quelque chose

文型チェック [聞いて、答えてみましょう。]

ケスティヨン
Questions

　　ヴ　　ヴレ　アンコール　デュ　カフェ　　　　ウィ　ジェム　ル　カフェ
① Vous voulez encore du café ?　　Oui, j'aime le café.
「あなたはもっとコーヒーが欲しいですか？」　「はい、私はコーヒーが好きです。」

　　　　　　　　　　　　　　　　　　　　　　注：「コーヒー」全体を指す場合は定冠詞の le を
　　　　　　　　　　　　　　　　　　　　　　　用います。(p.63 参照)

　　ヴ　ヴレ　アン　デセール　　　　　　　ウィ　ジュ　ヴドレ　ユヌ　タルトゥ
② Vous voulez un dessert ?　　Oui, je voudrais une tarte.
「あなたはデザートが欲しいですか？」　「はい、私はタルトが欲しいです。」

レポンス
Réponses

　　ヴ　ヴレ　ケルク　ショーズ　　　　ジュ　ヴドレ　ユヌ　バゲットゥ
① Vous voulez quelque chose ?　　Je voudrais une baguette.
「あなたは何か欲しいですか？」　「私はフランスパンを1本欲しいです。」

　　ヴ　ヴレ　アレ　ウ　　　　　ジュ　ヴドレ　アレ　ア　ヴェルサイユ
② Vous voulez aller où ?　　Je voudrais aller à Versailles.
「あなたはどこに行きたいですか？」　「私はベルサイユに行きたいです。」

注：je voudrais（条件法現在）は je veux よりも丁寧な依頼の言い方です。

151

17 入ってもいいですか？
Je peux/pouvoir の構文

あなたは入れます。
Vous pouvez/pouvoir の構文

私は～してもいいですか？ あなたは～することができます。 149

超 基本文型

- 主語 + **peux** + 動詞の原形
- 主語 + **pouvez** + 動詞の原形

ポイントは

Je peux ～

Vous pouvez ～

pouvoir は「～できる」という意味の不規則動詞です。英語の can に相当します。後ろに動詞の原形を伴って用います。「～できる」という意味から転じて、許可を求めたり相手の権利を伝えるときにも使います。ここでは、相手に許可を求めるシチュエーションで勉強しましょう。主語は Je「私は」と Vous「あなたは」で、それに合せて pouvoir は peux と pouvez という活用形になります。

152

超カンタン会話

入ってもいいですか？

ジュ プ アントレ
Je **peux** entrer ?
私は できる 入る

はい、あなたは入れます。

ウィ ヴ プヴェ アントレ
Oui, vous **pouvez** entrer.
はい あなたは できる 入る

見てもいいですか？
（お店で商品を指しながら）

ジュ プ ルガルデ
Je **peux** regarder ?
私は できる 見る

はい、あなたは見られます。

ウィ ヴ プヴェ ルガルデ
Oui, vous **pouvez** regarder.
はい あなたは できる 見る

超 カンタンおしゃべりワイド 🎧151

おしゃべりをちょっと発展させましょう。

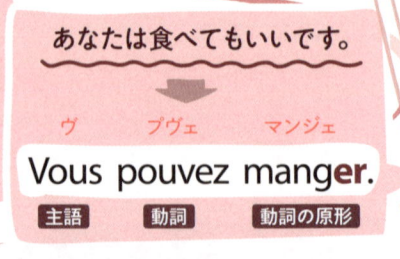

できる
→ プ
peux
[動詞]

できる
→ プヴェ
pouvez
[動詞]

私はできる
→ ジュ プ
Je peux
[主語][動詞]

あなたはできる
→ ヴ プヴェ
Vous pouvez
[主語][動詞]

私は食べてもいいですか？
→ ジュ プ マンジェ
Je peux manger ?
[主語][動詞][動詞の原形]

あなたは食べてもいいです。
→ ヴ プヴェ マンジェ
Vous pouvez manger.
[主語][動詞][動詞の原形]

このケーキを食べてもいいですか？
→ ジュ プ マンジェ ス ガトー
Je peux manger ce gâteau ?
[主語][動詞][動詞の原形][指示形容詞][目的語]

はい、あなたはそれを食べてもいいです。
→ ウィ ヴ プヴェ マンジェ サ
Oui, vous pouvez manger ça.
[肯定の答え][主語][動詞][動詞の原形][指示代名詞=目的語]

注：ce「この」は指示形容詞（p.65 参照）で、ça「それ」は指示代名詞（p.73 参照）です。

超 カンタンしゃべって！きいて！こたえて！ 🔊152

単語チェック [声に出してみましょう。]

① 試す　　エセイエ
　　　　　essay**er**

② 電話する　テレフォネ
　　　　　téléphon**er**

③ タバコを吸う　フュメ
　　　　　fum**er**

Questions （ケスティヨン）

①　ジュ　プ　パルレ　マントナン
　Je peux parl**er** maintenant ?
　「今お話ししてもいいですか？」
　注：マントナン maintenant は「今」という意味です。

②　ジュ　プ　エセイエ　セットゥ　ロブ
　Je peux essay**er** cette robe ?
　「このワンピースを試着してもいいですか？」
　注：セットゥ cette 「この」は指示形容詞です。（p.65 参照）

Réponses （レポンス）

　ウィ　ヴ　プヴェ　パルレ
　Oui, vous pouvez parl**er**.
　「はい、話してもいいです。」

　ウィ　ヴ　プヴェ　エセイエ　サ
　Oui, vous pouvez essay**er** ça.
　「はい、それを試着してもいいです。」

---

①　ジュ　プ　テレフォネ
　Je peux téléphon**er** ?
　「電話してもいいですか？」

②　ジュ　プ　フュメ
　Je peux fum**er** ?
　「タバコを吸ってもいいですか？」

　ウィ　ヴ　プヴェ　テレフォネ　イスィ
　Oui, vous pouvez téléphon**er** ici.
　「はい、ここで電話してもいいです。」

　ノン　ヴ　ヌ　プヴェ　パ　フュメ　イスィ
　Non, vous ne pouvez pas fum**er** ici.
　「いいえ、ここは禁煙です。」
　注：ici は「ここ」という意味です。

感想の表現

C'est ＋感想の形容詞（男性単数形）

セ　グラン
C'est grand.　　　大きいです。

セ　シェール
C'est cher.　　　値段が高いです。

セ　ボー
C'est beau.　　　美しいです。

セ　スュペール
C'est super.　　　すごいです。

セ　ビヤン
C'est bien.　　　いいですね。

セ　プラティック
C'est pratique.　便利です。

セ　ロワン
C'est loin.　　　遠いです。

セ　サンパ
C'est sympa.　　感じがいいです。
注：sympa は sympathique の略語です。

セ　プティ
C'est petit.　　　小さいです。

セ　ボン
C'est bon.　　　おいしいです。

セ　ジョリ
C'est joli.　　　かわいいです。

セ　ヴレ
C'est vrai.　　　本当です。

セ　クール
C'est cool.　　　かっこいいです。

セ　ポスィーブル
C'est possible.　あり得ます。

セタミュザン
C'est amusant.　おもしろいです。
注：リエゾンで読みます。

セタグレアーブル
C'est agréable.　快適です。
注：リエゾンで読みます。

超カンタン
おしゃべり基本会話

旅行ですぐに使える会話を集めました。まるごと覚えてどんどん使ってみましょう！

1 はじめまして

🔊 154

レナ
ボンジュール
Bonjour.
　　こんにちは

あなた
ボンジュール
Bonjour.
　　こんにちは

レナ
ジュ　スュイ　フランセーズ　エ　ヴ
Je suis française. Et vous ?
　私は〜である　フランス人　そして　あなた

あなた
モワ　ジュ スュイ　ジャポネーズ　ジュ　マペル　　ナナミ
Moi, je suis japonaise. Je m'appelle Nanami.
　私　私は〜である　日本人　　私は〜という名前である　七海

アンシャンテ
Enchantée.
　　はじめまして

レナ
ジュ　マペル　　レナ　アンシャンテ
Je m'appelle Léna. Enchantée.
　私は〜という名前である　レナ　　はじめまして

（訳）レナ：こんにちは。
　　　あなた：こんにちは。
　　　レナ：私はフランス人です。あなたは？
　　　あなた：私は日本人です。七海といいます。はじめまして。
　　　レナ：はじめまして。

注：アンシャンテ　　　　　ジュ スュイ　アンシャンテ　　ドゥ フェール ヴォトル　　コネッサンス
　　enchanté(e) は、Je suis enchanté(e) de faire votre connaissance.「お目にかかれてうれしいです。」の短縮形として単独でよく使います。
　　マペル　　　　　　　　サプレ
　　m'appelle の原形は s'appeler「〜という名前である」です。

158

2 観光ですか？

🎧 155

レナ: Vous allez où ?
ヴザレ ウ
あなたは 行く どこに

あなた: Je vais à l'Office du tourisme de Paris.
ジュ ヴェ ア ロフィス デュ トゥリスム ドゥ パリ
私は 行く 〜に 観光局 〜の パリ

レナ: C'est un voyage touristique ?
セタン ヴォワイヤージュ トゥリスティック
それは〜である 旅行 観光の

あなた: Oui, je voudrais d'abord faire un tour à Paris.
ウィ ジュ ヴドレ ダボール フェール アン トゥール ア パリ
はい 私は 〜したい まず する ひと巡り 〜に パリ

レナ: Bon, d'accord. Je vous accompagne ?
ボン ダコール ジュ ヴザコンパーニュ
よし 了解である 私は あなたと 一緒に行く

あなた: Merci. Avec grand plaisir !
メルスィ アヴェック グラン プレズィール
ありがとう よろこんで

（訳）レナ：あなたはどこに行くのですか？
　　　あなた：私はパリ観光局に行きます。
　　　レナ：観光旅行ですか？
　　　あなた：はい、パリをひと巡りしたいのです。
　　　レナ：わかりました。おつきあいしましょうか？
　　　あなた：ありがとうございます。とてもうれしいです。
　　注：accompagne の原形は accompagner「〜に同行する」で第1群規則動詞です。
　　　　アコンパーニュ　　　　　　　アコンパニェ

3 ご職業は？

🎵 156

レナ: Vous êtes étudiante ?
ヴゼットゥ エテュディアントゥ
あなたは 〜である 女子大学生

あなた: Non, je travaille. D'ailleurs, j'ai déjà trente ans.
ノン ジュ トラヴァイユ ダイユール ジェ デジャ トランタン
いいえ 私は 働く さらに 私は持つ すでに 30 年=歳

レナ: Vous faites jeune. Au fait, vous restez ici pour
ヴ フェトゥ ジュンヌ オ フェトゥ ヴ レステ イスィ プール
あなたは 作る 若い ところで あなたは 留まる 〜の予定で

combien de temps ?
コンビヤン ドゥ タン
どのくらい 期間

あなた: Pour une semaine seulement.
プール ユヌ スメーヌ スルマン
〜の予定で 1週間 単に

レナ: Quand même, vous pouvez voir beaucoup
カン メーム ヴ プヴェ ヴォワール ボク
それでも あなたは できる 見る たくさんの

de choses à Paris.
ドゥ ショーズ ア パリ
もの 〜で パリ

（訳）レナ：あなたは大学生ですか？
　　　あなた：いいえ、私は社会人です。それに、すでに30歳です。
　　　レナ：とてもお若く見えますね。ところでここにはどのくらい滞在するのですか？
　　　あなた：1週間だけです。
　　　レナ：それでも、あなたはパリでたくさんのものを見れますよ。

注：travaille の原形は travailler「働く、職についてる」で、第1群規則動詞です。
　　　　トラヴァイユ　　　　　　　　　トラヴァイエ
注：restez の原形は rester「残る、留まる」で、第1群規則動詞です。
　　　レステ　　　　　　　　　レステ

160

4 地図が欲しいです。

レナ: Voilà l'Office du tourisme de Paris.
ヴォワラ ロフィス デュ トゥリスム ドゥ パリ
ほら〜である　　　観光局　　　〜の　パリ

あなた: Je voudrais un plan de la ville.
ジュ ヴドレ アン プラン ドゥ ラ ヴィル
私は 〜したい　　地図　　〜の　町

レナ: C'est une bonne idée.
セテュヌ ボンニデ
それは〜である よい 考え

あなた: Maintenant j'ai un plan de Paris.
マントナン ジェ アン プラン ドゥ パリ
今　　私は持つ　地図　〜の　パリ

レナ: Alors, qu'est-ce que vous voulez visiter cet après-midi ?
アロール ケ ス ク ヴ ヴレ ヴィズィテ セッタプレ ミディ
では　何を　あなたは〜したい 見学する この 午後

あなた: Je voudrais aller à l'Arc de triomphe.
ジュ ヴドレ アレ ア ラルク ドゥ トリオンフ
私は 〜したい 行く 〜に　　　凱旋門

（訳）レナ：パリ観光局に着きましたよ。
　　　あなた：町の地図が欲しいです。
　　　レナ：それはいいですね。
　　　あなた：さぁ、パリの地図を手に入れました。
　　　レナ：では、今日の午後あなたは何を見学したいですか？
　　　あなた：凱旋門に行きたいです。

161

5 日本語を学んでいます。

🎧 158

Vous pouvez y aller avec moi ?
ウ プヴェ イ アレ アヴェック モワ
あなた あなたは できる そこに 行く ～と一緒に 私

Oui, je suis libre.
ウィ ジュ スュイ リーブル
レナ　はい 私は ～である ひまな

Je ne vous dérange pas ?
ジュ ヌ ヴ デランジュ パ
あなた 私は ない あなたを 邪魔する ない
　　　　　　　　否定

Mais non, pas du tout ! C'est plutôt une
メ ノン パ デュ トゥー セ プュトー ユヌ
レナ いいえ ぜんぜん それは～である むしろ

bonne occasion.
ボンノカズィヨン
よい 機会

Pourquoi ?
プルコワ
あなた　なぜ

Parce que je fais du japonais.
パルス ク ジュ フェ デュ ジャポネ
レナ なぜなら 私は する 日本語

（訳）あなた：私と一緒に行ってもらえるのですか？
　　　レナ：はい、私は時間があります。
　　　あなた：お邪魔ではないですか？
　　　レナ：とんでもない。むしろいい機会なのです。
　　　あなた：どうしてですか？
　　　レナ：なぜなら、私は日本語を勉強しているからです。
注：y は「そこに」という意味で、dérange の原形は déranger「邪魔をする」で第1群規則動詞です。

6 どこに住んでいますか？

🔊 159

Vous habitez à Paris ?
あなた：あなたは 住む 〜に パリ

Oui, j'habite près de la gare de Lyon avec ma famille.
レナ：はい 私は 住む 〜の近くに リヨン駅 〜と一緒に 私の 家族

Vous êtes combien chez vous ?
あなた：あなたたちは 〜である 何人 〜の家で あなた（たち）

Nous sommes trois. Mon père, ma mère et moi.
レナ：私たちは 〜である 3 私の 父 私の 母 と 私

Et vous ?
そして あなた

J'habite seule à Tokyo. Ma famille habite à Kyoto.
あなた：私は 住む ひとりで 〜に 東京 私の 家族 住む 〜に 京都

Kyoto, c'est mon rêve !
レナ：京都 それは〜である 私の 夢

（訳）あなた：パリにお住まいですか？
レナ：はい、私はリヨン駅の近くに家族と一緒に住んでいます。
あなた：何人家族ですか？
レナ：3人家族です。父と母そして私です。あなたは？
あなた：私は東京で独り暮らしです。私の家族は京都に住んでいます。
レナ：京都は私の憧れです。

注：habitez と habite の原形は habiter「住む」で、第1群規則動詞です。

163

7 レストランに行きましょうか？

🔊 160

あなた: **J'ai faim.**
ジェ ファン
私は持つ 空腹

レナ: **Ah oui, il est déjà midi. Moi aussi, j'ai faim.**
ア ウィ イレ デジャ ミディ モワ オスィ ジェ ファン
はい 〜である すでに 正午 私 も 私は持つ 空腹

あなた: **Il y a un restaurant près d'ici ?**
イリヤ アン レストラン プレ ディスィ
〜がある レストラン 〜の近くに ここ

レナ: **Oui, je connais un bon restaurant français.**
ウィ ジュ コネ アン ボン レストラン フランセ
はい 私は 知っている よい レストラン フランスの

Ce n'est pas cher.
ス ネ パ シェール
それは ない 〜である ない 高い
　　　　否定

あなた: **Bon, on y va !**
ボン オンニ ヴァ
よし 行こう

（訳）あなた：お腹がすきました。
　　　レナ：そうですね、お昼のもう 12 時です。私もお腹がすいています。
　　　あなた：この近くにレストランがありますか？
　　　レナ：はい、私はおいしいフレンチレストランを知っています。高くありません。
　　　あなた：行きましょう！

注: connais の原形は connaître「知っている」で不規則動詞です。
　　　　　コネ　　　　　　　　コネートル
注: on y va「行きましょう」は、よく使われる便利な表現です。
　　オンニ ヴァ

164

8 レストラン①

🔊 161

ウエイトレス:
ボンジュール　マドゥモワゼル　　　ヴゼットゥ　コンビヤン
Bonjour mademoiselle. Vous êtes combien ?
こんばんは　　マドモアゼル　　　あなたたちは ～である　何人

あなた:
ボンジュール　ヌ　　ソム　　ドゥー
Bonjour. Nous sommes deux.
こんにちは　私たちは　～である　　2

ウエイトレス:
パーリスィ　スィル　ヴ　　プレ　　ヴォワラ　ヴォトル　ターブル
Par ici, s'il vous plaît. Voilà votre table.
通って ここ　　　どうぞ　　　　あれが ～である あなたたちの テーブル

あなた:
メルスィ　　マダム　　　ラ　カルトゥ　スィル　ヴ　　プレ
Merci madame. La carte, s'il vous plaît.
ありがとう　マダム　　　メニュー　　　お願いします

ウエイトレス:
アンタンデュ
Entendu.
承知した

あなた:
イリヤ　　ボクー　　ドゥ　ショワ
Il y a beaucoup de choix.
～がある　たくさん　　　選択肢

ケ　　ス　ク　ジュ　プラン
Qu'est-ce que je prends ?
　　　何を　　　　私は　とる

（訳）ウエイトレス：いらっしゃいませ、マドモアゼル。何名様ですか？
　　　あなた：こんにちは。2人です。
　　　ウエイトレス：こちらへどうぞ。ここがおふたりのテーブルです。
　　　あなた：ありがとう。メニューをお願いします。
　　　ウエイトレス：承知いたしました。
　　　あなた：たくさんあるわ。何をとろうかしら？

9 レストラン②

🎧 162

あなた:
ケ レ ル プラ デュ ジュール
Quel est le plat du jour ?
何 〜である 本日の料理

ウエイトレス:
セ タン コッコ ヴァン
C'est un coq au vin.
それは〜である 若鶏のワイン煮

あなた:
モワ ジュ プラン サ
Moi, je prends ça.
私 私は とる それ

レナ:
プール モワ アン プレ ロティ スィル ヴ プレ
Pour moi, un poulet rôti, s'il vous plaît.
〜のために 私 ローストチキン お願いします

ウエイトレス:
トレ ビヤン
Très bien.
とても よい

（訳）あなた：本日の日替わり料理は何ですか？
　　　ウエイトレス：若鶏のワイン煮です。
　　　あなた：私はそれにします。
　　　レナ：私には、ローストチキンをください。
　　　ウエイトレス：かしこまりました。

10 レストラン③

Vous prenez un dessert ?
（ウエイトレス：あなたたちは とる デザート）

Oui, je voudrais une tarte aux poires et un café.
（あなた：はい 私は 〜欲しい 洋梨のタルト と コーヒー）

Et vous ?
（そして あなた）

Moi non, mais je prends un café.
（レナ：私 いいえ しかし 私は とる コーヒー）

Alors, une tarte aux poire et deux cafés ?
（ウエイトレス：では 1 洋梨のタルト と 2 コーヒー）

Oui. Et après, l'addition, s'il vous plaît.
（レナ：はい そして あとで 会計 お願いします）

Entendu.
（ウエイトレス：承知した）

（訳）ウエイトレス：デザートを召し上がりますか？
あなた：私は洋梨のタルトとコーヒーが欲しいです。あなたは？
レナ：私はデザートはいらないけれど、コーヒーを頼みます。
ウエイトレス：それでは、洋梨のタルト1つにコーヒー2つですね？
レナ：はい。そのあとでお会計をお願いします。
ウエイトレス：かしこまりました。

167

11 美術館で

🔊 164

レナ
セ ル ミュゼ ドルセー
C'est le musée d'Orsay.
それは〜である　オルセー美術館

あなた
アントロン トゥー ドゥ スュイットゥ
Entrons tout de suite.
入る　　　　　すぐに

レナ
メ イリヤ ボクー ドゥ ジャン ドゥヴァン ル ギシェ
Mais il y a beaucoup de gens devant le guichet.
しかし　〜がある　たくさんの　　人々　　〜の前に　切符売場

あなた
サ ヴァ ジェ モン パリ ミュゼオム パス エ ヴ
Ça va. J'ai mon Paris Muséum Pass. Et vous ?
大丈夫　私は持つ　私の　　パリ・ミュージアム・パス　そして あなた

レナ
ビヤン スュール モワ オスィ ヴゼメ ラ パンテュール
Bien sûr, moi aussi. Vous aimez la peinture ?
もちろん　　私　も　あなたは 好きである　　絵画

あなた
ウィ ジェム ヴィズィテ レ ミュゼ
Oui, j'aime visiter les musées.
はい 私は 好きである　訪れる　　　美術館

（訳）レナ：これがオルセー美術館です。
　　　あなた：すぐに入りましょう。
　　　レナ：切符売場の前に行列ができていますね。
　　　あなた：大丈夫です。私はパリ・ミュージアム・パスを持ってます。あなたは？
　　　レナ：もちろん私もです。あなたは絵画が好きなのですか？
　　　あなた：美術館巡りが好きなんです。
注：entrons（アントロン）（命令形・提案）の原形は entrer（アントレ）「入る」で第1群規則動詞です。

12 カフェで

🎵 165

ウエイトレス:
ボンジュール　ケ　ス　ク　ヴ　プルネ
Bonjour. Qu'est-ce que vous prenez ?
こんにちは　　何を　　　　あなたたちは　とる

レナ:
ボンジュール　ジュ　プラン　アン　カフェ　エ　ヴ
Bonjour. Je prends un café. Et vous ?
こんにちは　私は　とる　　コーヒー　そして　あなた

あなた:
モワ　ジェ　ソワフ　アン　コカ　スィル　ヴ　プレ
Moi, j'ai soif. Un coca, s'il vous plaît.
私　私は持つ　渇き　　コーラ　　　　お願いします

ウエイトレス:
トレ　ビヤン
Très bien.
とても　よい

• •

ウエイトレス:
ヴォワラ　サ　フェ　ディズーロ　　ボンヌ　ジュルネ
Voilà. Ça fait dix euros. Bonne journée.
ほら　それは　する　10ユーロ　　よい　　1日

あなた:
メルスィ　ヴゾスィ
Merci. Vous aussi.
ありがとう　あなた　も

（訳）ウエイトレス：いらっしゃいませ。何になさいますか？
　　　レナ：こんにちは。コーヒーをください。あなたは？
　　　あなた：私はのどが渇いています。コーラをお願いします。
　　　ウエイトレス：かしこまりました。
　　　･･････････････････････････
　　　ウエイトレス：お待たせしました。10ユーロになります。楽しい一日を。
　　　あなた：ありがとう。あなたも。

13 ショッピング①

🎧 166

あなた: ボンジュール マダム ジュ プ ルギャルデ
Bonjour madame. Je peux regarder ?
こんにちは マダム 私は できる 見る

店員: ボンジュール ケ ス ク ヴ デズィレ
Bonjour. Qu'est-ce que vous désirez ?
こんにちは 何を あなたは 望む

あなた: ジュ シェルシュ ユヌ クラヴァットゥ プール モン ペール
Je cherche une cravate pour mon père.
私は 探す ネクタイ 〜ために 私の 父

店員: トレ ビヤン セットゥ クラヴァットゥ ア ポワ パレグザンプル
Très bien. Cette cravate à pois, par exemple ?
とても よい この ネクタイ 水玉模様 たとえば

あなた: ア ジュ プラン サ
Ah ! Je prends ça.
ああ 私は 買う それ

店員: ジュ ヴ フェ アン パケ カドー
Je vous fais un paquet-cadeau ?
よい私は あなたに する プレゼント包装

(訳) あなた：こんにちは、マダム。(商品を) 見てもいいですか？
　　　店員：いらっしゃいませ、何をお求めですか？
　　　あなた：父のためのネクタイを探しています。
　　　店員：かしこまりました。たとえば、この水玉模様ののネクタイはいかがですか？
　　　あなた：あっ、それを買います。
　　　店員：プレゼント包装にしますか？

注：désirez の原形は désirer「望む」で、cherche の原形は chercher「探す」です。いずれも第1群規則動詞です。

14 ショッピング②

🔊 167

あなた
ボンジュール　マダム　　ジュ　プ　　エセイエ　セットゥ ジュップ
Bonjour madame. Je peux essayer cette jupe ?
　こんにちは　　マダム　　私は　できる　　試す　　この　　スカート

店員
ボンジュール　ウィ　ビヤン スュール　パリスィ　スィル　ヴ　　プレ
Bonjour. Oui, bien sûr. Par ici, s'il vous plaît.
　こんにちは　　はい　　もちろん　　通って ここ　　　どうぞ

あなた
エ　ヴォワラ　　セタン　　プー　プティ
Et voilà. C'est un peu petit.
そして ほら　それは〜である 少し　 小さい

ヴザヴェ　　ラ　ターイユ　オ　　ドゥスュ
Vous avez la taille au-dessus ?
あなたは　持つ　　サイズ　　上の

店員
ノン　ジュ スュイ　ヴレマン　　デゾレ
Non. Je suis vraiment désolée.
いいえ　私は〜である　本当に　　残念に思う

あなた
ア　ボン　　セ　　ドマージュ
Ah bon. C'est dommage.
ああ　よい　それは〜である　残念

（訳）あなた：こんにちは、マダム。このスカートを試着してもいいですか？
　　　店員：いらっしゃいませ、はい、もちろんです。こちらへどうぞ。
　　　あなた：(試着して)こんな感じです。少し小さいです。上のサイズはありますか？
　　　店員：ありません。申し訳ありません。
　　　あなた：そうですか。残念です。

171

15　地下鉄で

あなた: Et maintenant, je vais à l'hôtel près de l'Opéra en métro.
そして　今　私は　行く　〜に　ホテル　〜の近く　オペラ座　〜で　地下鉄

レナ: Alors, vous prenez la ligne sept ou huit.
では　あなたは　乗る　線　7　あるいは　8

あなた: Tiens, il y a une station de métro là-bas.
あら　〜がある　地下鉄の駅　あそこ

レナ: Heureusement, c'est la station Invalides.
幸運にも　それは〜です　アンヴァリッド駅

C'est direct.
それは〜である　直通

あなた: Super ! Mais je dois d'abord acheter un carnet.
うまくいった　私は　〜しなければならない　まず　買う　回数券

（訳）あなた：さぁ、これから私はオペラ座の近くのホテルに地下鉄で行きます。
　　　レナ：では、7番線か8番線に乗るのですね。
　　　あなた：あらっ、あそこに地下鉄の駅があります。
　　　レナ：幸い、あれはアンヴァリッド駅です。乗換なしです。
　　　あなた：やった！でも、まず回数券を買わなければいけません。

注：dois の原形は devoir「〜しなければならない」という不規則動詞です。後ろに動詞の原形を伴い、助動詞のように用います。

16 ホテルで

🔊 169

あなた:
ボンジュール　マダム　ジュ　ヴドレ　　　フェール　ル　チェック　イン
Bonjour madame. Je voudrais faire le check-in.
こんにちは　マダム　私は　〜したい　　する　　　チェックイン

フロント:
ボンジュール　　　ヴザヴェ　　　ユヌ　レゼルヴァスィヨン
Bonjour. Vous avez une réservation ?
こんにちは　　あなたは　持つ　　　　　予約

あなた:
ウィ　ジュ　マペル　　　　ナナミ　　タナカ
Oui. Je m'appelle Nanami Tanaka.
はい　私は〜という名前である　七海　　田中

フロント:
ヴィエ　　　ランプリール　セットゥ　フィッシュ
Veuillez remplir cette fiche.
〜してください　満たす　　　この　　用紙

セ　プール　カトル　ニュイ
C'est pour quatre nuits ?
それは〜である　〜の予定で　4　　夜

あなた:
ウィ　セ　サ
Oui, c'est ça.
はい　それは〜であるそれ

フロント:
ヴォワラ　ヴォトル　クレ　ラ　シャンブル　ヴァントゥドゥー　オ　プルミエ　エタージュ
Voilà votre clé, la chambre 22, au premier étage.
あれが〜である　あなたの　鍵　　部屋　　22　〜に　一番目の　　階

（訳）あなた：こんにちは、マダム。チェックインしたいのですが。
　　　フロント：いらっしゃいませ。ご予約はされていますか？
　　　あなた：はい。私の名前は田中七海です。
　　　フロント：このカードに記入してください、4泊ですね。
　　　あなた：はい、そうです。
　　　フロント：こちらがお客様の鍵です、22号室で2階です。

注： veuillez（命令形）の原形は vouloir ＋動詞の原形「〜したい」です。丁寧な依頼です。
注： フランスの階の数え方は序数詞を使います。「一番目の階」が日本の2階に相当します。

17 両替所で

🔊 170

あなた:
　　　ボンジュール　ジュ　ヴドレ　　　シャンジェ　ドゥ　ラルジャン
　　　Bonjour. Je voudrais changer de l'argent.
　　　こんにちは　私は　〜したい　　　替える　　　　お金

従業員:
　　　ボンジュール　　マドゥモワゼル　　　ウィ　ビヤン　スュール
　　　Bonjour mademoiselle. Oui, bien sûr.
　　　こんにちは　　　マドモアゼル　　　　はい　もちろん

あなた:
　　　ジュ　ヴェ　シャンジェ　トラントゥ　ミル　イエンヌ　アンニューロ
　　　Je vais changer trente mille yens en euros.
　　　私は　行く　替える　　　　30,000 円　　　〜に　ユーロ

従業員:
　　　アンタンデュ　　マドゥモワゼル
　　　Entendu, mademoiselle.
　　　承知した　　　　マドモアゼル

・・・・・・・・・・・・・・・・・・・・・・・・・・・・・・・・

従業員:
　　　ヴォワラ　　　マドゥモワゼル　　　　ヴイエ　　ビヤン　　ヴェリフィエ
　　　Voilà, mademoiselle. Veuillez bien vérifier.
　　　ほら　　　　マドモアゼル　　　　〜してください　よく　確かめる

（訳）あなた：こんにちは。お金を両替したいのですが。
　　　従業員：こんにちは、マドモアゼル。はい、もちろんですとも。
　　　あなた：30,000 円をユーロに両替します。
　　　従業員：承知しました。／従業員：はい、どうぞ。よくお確かめください。

注：不規則動詞の aller（アレ）「行く」を助動詞にして、je vais（ジュ ヴェ）＋動詞の原形で、意志や近い未来を表すことができます。

注：veuillez（ヴイエ）（命令形）の原形は vouloir（ヴロワール）＋動詞の原形「〜したい」です。丁寧な依頼です。

18 タクシーで

🎵171

運転手:
ボンジュール　マドゥモワゼル　　ヴ　アレ　ウ
Bonjour mademoiselle. Vous allez où ?
　　こんにちは　　　マドモアゼル　　　　あなたは　行く　どこへ

あなた:
ボンジュール　アエロポール　シャルル　ドゥ　ゴール　スィル　ヴ　プレ
Bonjour. Aéroport Charles-de-Gaules, s'il vous plaît.
こんにちは　　　　　シャルル・ド・ゴール空港　　　　　　お願いします

運転手:
ダコール　ヴ　ラントレ
D'accord. Vous rentrez ?
了解である　あなたは　帰る

あなた:
ウィ　ジュ　ラントル　オ　ジャポン　レセ　モワ　イスィ　スィル　ヴ　プレ
Oui, je rentre au Japon. Laissez-moi ici, s'il vous plaît.
はい　私は　帰る　〜に　日本　　　　残す　私を　ここ　　　　お願いします

運転手:
ウィ　サ　フェ　トラントゥーロ
Oui. Ça fait trente euros.
はい　それは　する　30 ユーロ

あなた:
ヴォワラ　マダム　オ　ルヴォワール　ボンヌ　ジュルネ
Voilà, madame. Au revoir. Bonne journée.
ほら　　マダム　　　さようなら　　　よい　　一日

運転手:
メルスィ　ボン　ヴォワイヤージュ
Merci. Bon voyage.
ありがとう　よい　旅行

（訳）運転手：こんにちは、マドモアゼル。どこに行きますか？
　　　あなた：こんにちは。シャルル・ド・ゴール空港までお願いします。
　　　運転手：わかりました。帰国ですか？
　　　あなた：はい、日本に帰ります。ここで降ろしてください。
　　　運転手：はい。30 ユーロです。／あなた：はい、どうぞ。さようなら。よい一日を。
　　　運転手：ありがとう。よい旅を。

注： rentrtez と rentre の原形は rentrer「帰る」で、第 1 群規則動詞です。
注： laissez（命令形）の原形は laisser「残す」で、第 1 群規則動詞です。

身の回り品

所有形容詞 mon、ma、mes「私の」とともに

男性名詞		女性名詞	
モン ヴェロ mon vélo	私の自転車	マ モト ma moto	私のオートバイ
モン トラン mon train	私の電車	マ ヴォワテュール ma voiture	私の自動車
モン サック mon sac	私のバッグ	マ プラス ma place	私の席
モン パスポール mon passeport	私のパスポート	マ ヴァリーズ ma valise	私のスーツケース
モン リ mon lit	私のベッド	マ クレ ma clé	私の鍵
モンナパルトゥマン mon appartement	私のアパルトマン 注：リエゾンで読みます。	マ メゾン ma maison	私の家（一軒家）
メ スィゾー mes ciseaux	私のはさみ	メ リュネットゥ mes lunettes	私のメガネ
メ ガン mes gants	私の手袋	メ ショセットゥ mes chaussettes	私の靴下

注：はさみ、メガネ、手袋、靴下など左右で対になるものは複数扱いになります。

単語帳

*男＝男性名詞　女＝女性名詞　名＝男女両方ある名詞で、フランス語の（ ）内は女性形を示します。
固＝固有名詞　男複／女複は、名詞の複数形を示します。代＝代名詞
形＝形容詞で、フランス語の（ ）内は女性形を示します。動＝動詞　副＝副詞
前＝前置詞　接＝接続詞
ページは基本的に初出箇所です。また、動詞は原形を載せています。

A

à	前	〜に、〜へ	54
académie	女	アカデミー	18
accompagner	動	〜に同行する	159
acheter	動	買う	172
addition	女	会計	48
adresse	女	住所、アドレス	27
aéroport	男	空港	175
âge	男	年齢	17
agréable	形	心地よい	28
aimer	動	好きです	73
à la mode	形	流行の	17
aller	動	行く	73
Allemand(e)	名	ドイツ人	91
ami(e)	名	友だち	59
amusant(e)	形	おもしろい	156
anglais	男	英語	130
animal	男	動物	16
août	男	8月	39
à pois		水玉の	170
appartement	男	アパルトマン	176
après-midi	男	午後	38
arbre	男	木	60
Arc de triomphe	男	凱旋門	161
argent	男	お金	174
artiste	名	芸術家	59
attention	女	気をつけて	53
aujourd'hui	副	今日	38
au revoir		さようなら	45

aussi	副	〜もまた	164
auto	女	自動車	19
automne	男	秋	39
avec	副	〜と一緒に	131
avion	男	飛行機	65
avril	男	4月	39
avoir	動	持つ	74

B

bague	女	指輪	80
baguette	女	フランスパン	60
banane	女	バナナ	60
banque	女	銀行	48
beau/belle	形	美しい	52
beaucoup	副	とても、たくさん	42
beauté	女	美	19
beige	形	ベージュ色の	19
bien	副	よく、うまく	42
bien sûr		もちろんです	44
bière	女	ビール	61
biscuit	男	ビスケット	24
bistro	男	ビストロ	24
bleu	形	青い	20
blouson	男	ブルゾン	80
bœuf	男	牛（肉）	20
bonjour	男	こんにちは	42
bon(ne)	形	よい、おいしい	46
bonsoir	男	こんばんは	42
bouquet de fleurs	男	花束	20
bracelet	男	ブレスレット	80

177

C

ça	代 これ、それ		42
cadeau	男 プレゼント		33
café	男 コーヒー		47
carnet	男 回数券		172
carte	女 メニュー		165
catalogue	女 カタログ		17
chambre	女 部屋		173
champagne	女 シャンパン		27
chance	女 幸運		27
changer	動 変える		174
chat	男 猫		115
chaud	男 暑さ		119
chaud(e)	形 暑い		52
chaussettes	女・複 靴下		176
chaussures	女・複 靴		65
check-in	男 チェックイン		173
cher/chère	形 値段が高い		156
chercher	動 探す		170
chez	前 〜の家に		55
chien	男 犬		123
Chinois(e)	名 中国人		99
chocolat	男 チョコレート、ココア		27
choix	男 選択肢		165
cidre	男 シードル		61
ciel	男 空		60
cinéma	男 映画館		24
ciseaux	男・複 はさみ		64
classe	女 クラス		16
clé	女 鍵		173
crayon	男 鉛筆		65
cognac	男 コニャック		27
combien	副 いくら、いくつ		36
comment	副 どのように		42
confiture	女 ジャム		60
content(e)	形 満足な		105
connaître	動 知っている		164
cool	形 かっこいい		156
coq au vin	男 若鶏のワイン煮		166
cravate	女 ネクタイ		64
croissant	男 クロワッサン		20
cuisine	女 料理、台所		22

D

d'accord		わかりました、了解	44
dans	前 〜のなかに、〜後に		29
danse	女 ダンス		24
date	女 日付		19
de (d')	前 〜からの、〜の		54
début	男 デビュー		15
décembre	男 12月		39
demain	副 明日		38
déranger	動 邪魔をする		162
derrière	前 〜の後ろに		56
désirer	動 望む		51
désolé(e)	形 ごめんなさい		43
dessert	男 デザート		151
détail	男 細部		22
devant	前 〜前に		55
dimanche	男 日曜日		39
dîner	男 夕食		17
direct(e)	形 直通の		172
dommage	男 残念		171

E

eau	女 水		60
écharpe	女 マフラー		64
écouter	動 聞く		127
égoïste	名 エゴイスト		17
employé(e)	名 会社員		59
en	前 〜に、〜で		55
enchanté(e)	形 はじめまして		45
enfant	名 子ども		34
enquête	女 アンケート		18
ensemble	副 一緒に		21
entendu	形 承知する		165

entrer	動 入る		153
essayer	動 試す		155
étage	男 階		173
États-Unis	男・複 アメリカ		56
été	男 夏		39
étoile	女 星		60
être	動 〜である		69
étudiant(e)	名 大学生		59
euro	男 ユーロ		36

F

faim	男 空腹		117
faire	動 作る、する		86
famille	女 家族		23
fatigué(e)	形 疲れた		106
femme	女 女性、妻		58
février	男 2月		39
fiancé(e)	名 婚約者		59
fiche	女 用紙		173
fille	女 娘、少女		23
film	男 映画		24
fils	男 息子		34
fleur	女 花		60
flûte	女 フルート		18
fort	副 大きな声で		131
frais/fraîche	形 涼しい		52
France	女 フランス共和国		22
français	男 フランス語		129
Français(e)	名 フランス人		59
français(e)	形 フランスの		114
frappé(e)	形 冷えた		19
frère	男 兄弟		34
froid(e)	形 寒い		52
fromage	男 チーズ		60
fumer	動 タバコを吸う		155

G

galette des Rois	女 ガレット・デ・ロワ（ケーキ）		63
gants	男・複 手袋		65
garage	男 ガレージ		24
garçon	男 少年、男の子		59
gâteau	男 ケーキ		60
gentil(le)	形 親切な		43
gilet	男 ベスト		64
glace	女 アイスクリーム		60
golf	男 ゴルフ		16
gomme	女 消しゴム		65
gorge	女 のど		119
gourmet	男 グルメ		20
grand(e)	形 大きい		68
grand-mère	女 祖母		34
grand-père	男 祖父		34
grands-parents	男・複 祖父母		34
gros(se)	形 太った		68
gym	女 体操		24

H

habiter	動 住む		163
Hawaï	男 ハワイ		15
heure	女 時間		37
heureusement	副 幸運にも		172
hier	副 昨日		38
hiver	男 冬		39
homme	男 男性		58
hôpital	男 病院		17
horizon	男 地平線		16
hors-d'œuvre	男 オードブル		15
hôtel	男 ホテル		15
humide	形 湿気が多い		52

I

ici	副 ここ		155
idée	女 考え		115
illusion	女 幻影		18
image	女 イメージ		17
imperméable	男 レインコート		80
important(e)	形 重要な		21

179

information	女	情報	21
intelligent (e)	形	頭のいい	21
intéressant(e)	形	興味深い	29

J

jambon	男	ハム	60
janvier	男	1月	39
Japon	男	日本	56
japonais	男	日本語	129
Japonais(e)	名	日本人	59
jazz	男	ジャズ	123
jeudi	男	木曜日	39
jeune	形	若い	68
job	男	（一時的な）仕事	24
joli(e)	形	きれいな	68
journaliste	名	ジャーナリスト	59
journée	女	日中	38
juillet	男	7月	39
juin	男	6月	39
jupe	女	スカート	64
jus d'orange	男	オレンジジュース	61

K

| kilo | 男 | キロ | 25 |

L

laisser	動	残す	175
leçon	女	レッスン	15
libre	形	ひまな、自由な	54
ligne	女	線	172
limonade	女	レモンソーダ	61
liqueur	女	リキュール	61
lit	男	ベッド	176
loin	形	遠くに	156
long /longue	形	長い	21
lundi	男	月曜日	39
lunettes	女・複	メガネ	64

M

macaron	男	マカロン	60
madeleine	女	マドレーヌ	25
mai	男	5月	39
maintenant	副	今	155
maison	女	家	103
mal	男	痛み	118
manger	動	食べる	76
manteau	男	コート	64
maquillage	男	化粧	23
mardi	男	火曜日	39
mari	男	夫	59
mariage	男	結婚	23
marmelade	女	マーマレード	25
mars	男	3月	39
Marseille		マルセイユ（南フランスの都市）	23
matin	男	朝	38
matinée	女	午前	38
mayonnaise	女	マヨネーズ	20
melon	男	メロン	60
menu	男	コース料理	18
mer	女	海	60
merci	男	ありがとう	42
mercredi	男	水曜日	39
mère	女	母	34
message	男	メッセージ	26
métro	男	地下鉄	143
midi	男	正午	37
mille	形	千の	23
minuit	男	真夜中	37
mauvais(e)	形	悪い	52
monnaie	女	小銭	77
montre	女	腕時計	64
moto	女	オートバイ	65
mousse	女	ムース	60
musée	男	美術館	50
musique	女	音楽	123

N

nature	女	自然	19
neiger	動	雪が降る	52
Noël	男	クリスマス	18
noir(e)	形	黒い	115
non	副	いいえ	44
nougat	男	ヌガー	20
nouveau/nouvelle		形 新しい	68
novembre	男	11月	39
nuance	女	ニュアンス	23

O

octobre	男	10月	39
Office du tourisme de Paris		男 パリ観光局	159
omelette	女	オムレツ	18
on	代	私たちは	73
oncle	男	おじ	59
Opéra	男	オペラ座	29
où	副	どこに	52
ouest	男	西	22
oui	副	はい	44

P

pain	男	パン	63
pamphlet	男	パンフレット	21
pantalon	男	ズボン	64
paquet-cadeau	男	プレゼント包装	170
parapluie	男	カサ	64
pardon	男	すみません	43
parents	男・複	両親	34
parfum	男	香水	21
par ici		こちらへどうぞ	165
parler	動	話す	83
Paris	男	パリ	16
passeport	男	パスポート	111
père	男	父	34

petit(e)	形	小さい	18
piano	男	ピアノ	22
place	女	広場、席	55
plan	男	地図	161
plat du jour	男	本日の料理	166
pleuvoir	動	雨が降る	52
pratique	形	便利な	156
premier、première		形 一番目の	40
prendre	動	とる、買う、乗る、食べる、飲む	85
près de (d')	副	〜の近くに	163
printemps	男	春	39
problème	男	問題	18
promenade	女	散歩	18
point	男	ポイント	25
poire	女	洋梨	60
poison	男	毒	20
poisson	男	魚、魚料理	135
possible	形	可能な	19
poste	女	郵便局	139
pot-pourri	男	ポプリ	15
poulet rôti	男	ローストチキン	166
pour	前	〜のために、〜の予定で	33
pouvoir	動	できる	87

Q

quelque chose	代	何か	151
question	女	質問	25

R

radio	女	ラジオ	16
raisin	男	ぶどう	60
regarder	動	見る	153
règle	女	定規	65
remplir	動	満たす	173
renaissance	女	ルネサンス	19
rentrer	動	帰る	175

réservation	女 予約	173
restaurant	男 レストラン	25
rester	動 残る、留まる	160
rêve	男 夢	163
rival	名 競争相手	26
robe	女 ワンピース	80
rose	女/形 バラ/ピンクの	27
rouge	形 赤い	113

S

sac	男 バッグ	64
safari	男 サファリ	16
saint(e)	形 聖なる	21
saison	女 季節	41
salut	男 やあ	42
samedi	男 土曜日	39
sauce	女 ソース	20
saucisse	女 ソーセージ	60
secret	男 秘密	18
semaine	女 1週間	160
septembre	男 9月	39
service	男 サービス	26
seul(e)	形 単独の、唯一の	163
shopping	男 買い物	145
silence	男 沈黙	25
silhouette	女 シルエット	22
simple	形 簡単な	22
sœur	女 姉妹	34
soif	男 のどの渇き	117
soir	男 晩	38
soirée	女 夜の時間（晩・宵）	38
soleil	男 太陽	23
sommeil	男 眠気	119
sorbet	男 シャーベット	60
soupe	女 スープ	20
sous	前 〜の下に	55
station	女 駅	172
style	男 スタイル	17
stylo	男 ペン	65

Suisse	女 スイス	22
super	形 すごい	156
sur	前 〜の上に	55
symbole	男 シンボル	22
sympa	形 感じがいい	156
symphonie	女 シンフォニー	21
système	男 システム	15

T

table	女 テーブル	17
taille	女 サイズ	171
tante	女 おば	59
tarte	女 タルト	60
taxi	男 タクシー	26
téléphoner	動 電話する	155
temps	男 天候、時	52
tennis	男 テニス	18
tête	女 頭	118
thé	男 紅茶	27
théâtre	男 劇場	27
toilettes	女・複 トイレ	20
tour Eiffel	女 エッフェル塔	51
touriste	名 観光客	26
touristique	形 観光の	159
train	男 電車	21
travail	男 仕事	22
travailler	動 働く、職についてる	160
très	副 とても	28
triste	形 悲しい	107
trompette	女 トランペット	21
tunnel	男 トンネル	18
type	男 タイプ	19

U

univers	男 宇宙	60

V

valise	女 スーツケース	64
vélo	男 自転車	65

vendredi	男 金曜日	39	
Versailles	ベルサイユ	23	
vert(e)	形 緑色の	67	
veste	女 ジャケット	80	
vieux/vieille	形 年老いた	68	
ville	女 都市	23	
vin	男 ワイン	61	
violence	女 暴力	21	
violette	女 スミレ	23	
violon	男 バイオリン	22	
visiter	動 見学する	161	
voir	動 見る	160	
voisin(e)	名 隣人	59	
voiture	女 自動車	65	
vouloir	動 欲しい	86	
voyage	男 旅行	146	
vrai	形 本当の	48	
vraiment	副 本当に	171	

W

wagon	男 車両、貨車	26	
week-end	男 週末	26	

Z

zone	女 地帯	26	

● 著者紹介 ●

塚越 敦子 (つかこし あつこ)
慶應義塾大学、目白大学ほかで講師を務める。
著書に『フランス語 初歩の初歩』高橋書店、『文法からマスター！はじめてのフランス語』『イラストでわかる フランス語文法』ナツメ社、『フランス語 一歩先ゆく基本単語』三修社、『フランス語会話デビュー』(共著) 三修社、『徹底攻略 仏検準2級』(共著) 駿河台出版社などがある。

はじめての超カンタンおしゃべりフランス語
CD-ROM 1枚付

2016年5月15日　初版1刷発行

著者	塚越 敦子
装丁・本文デザイン	die
イラスト	下田 麻美
ナレーション	レナ・ジュンタ／岸 恵
DTP・印刷・製本	萩原印刷株式会社
CD-ROM 制作	株式会社中録新社
発行	株式会社 駿河台出版社
	〒101-0062 東京都千代田区神田駿河台3-7
	TEL 03-3291-1676 ／ FAX 03-3291-1675
	http://www.e-surugadai.com
発行人	井田 洋二

許可なしに転載、複製することを禁じます。落丁本、乱丁本はお取り替えいたします。

© ATSUKO TSUKAKOSHI 2016　Printed in Japan
ISBN 978-4-411-00540-3　C0085